Love
John Lennon aus der fünften Dimension

Aufgezeichnet
von
Jason Leen

W0234353

Love

John Lennon aus der fünften Dimension

Aufgezeichnet
von
Jason Leen

Smaragd Verlag, Köln

Aus dem Amerikanischen
von
Regine Hellwig

Für alle Menschen, die aus dem Herzen leben

Ich danke Anke D. Sievers sowie Rita und Fred für ihre engagierte Hilfe bei der Übertragung des amerikanischen Textes ins Deutsche, Ulrike und Tom für ihre guten Gedanken von Anbeginn, Gaby und, last not least, Loris.

Originaltitel: „Peace at Last – the after death experiences of John Lennon"
Erstauflage USA 1989
© 1982 und 1989 Jason Leen
Illumination Arts Publishing Company Inc., Bellingham, WA. 98226 USA
Illustrationen William Brooks
© der deutschen Fassung Smaragd Verlag, Köln
Deutsche Erstauflage März 1991
Zweite Auflage Oktober 1991
Titelbild Norbert Lösche
Smaragd Verlag Mara Ordemann
Heddesdorferstr. 7, 5450 Neuwied 1
Tel. 0 26 31 / 3 11 11, Telefax 0 26 31 / 2 55 14
Satz: Pro Publishing Service GmbH, 4053 Jüchen 7
Druck: Graphoprint, Koblenz
ISBN 3-926374-23-3

Dieses Buch ist dem Frieden auf der Erde
gewidmet und den unzähligen Menschen,
die sich für dieses Ziel eingesetzt haben.

Danksagungen

Als erstes möchte ich John Lennon und dem unsichtbaren Gast danken, mit deren Hilfe es mir möglich gewesen ist, als Medium die Botschaft dieses Buches zu empfangen. Dank gilt auch meiner Familie für ihre liebevolle Unterstützung während der Jahre, in denen ich an diesem Manuskript gearbeitet habe.

Besondere Dankbarkeit empfinde ich für Marisa Lovesong und John Thompson für ihre hingebungsvolle Hilfe und ihre unschätzbare Mitarbeit an der Endfassung dieses Manuskripts.

Dank auch an William Brooks für seine Inspiration bei Titelbild und den Abbildungen im Buch – und Don Grant für seine Beratung und sein Sachverständnis bei der graphischen Gestaltung des Titelblatts und des Buches. (1)

Schließlich möchte ich meinen tief empfundenen Dank all den persönlichen Freunden gegenüber zum Ausdruck bringen, die mich bei der Arbeit in unterschiedlichster Form ermutigt und unterstützt haben. Jeder von euch hat auf seine Art dazu beigetragen, daß dieses Buch verwirklicht werden konnte.

Jason Leen

(1) Gilt nur für die amerikanische Originalfassung.

Dieses Buch ist durch das Zusammenwirken vieler Menschen entstanden. Jedem von ihnen möchten wir unseren tief empfundenen Dank aussprechen, vor allem Eve Arno und Robert Hopper, für ihre wertvolle Hilfe in der Schlußphase der Herausgabe und der Zusammenstellung des Textes.

Unserer Dank gilt weiterhin Doktor Adrienne Brent für die editorische Unterstützung und Ermutigung – und Carol Wright für das Cover-Design, Layout und weitere wertvolle Hilfe.

Zu den vielen anderen, die dieses Projekt mit Liebe, Rat und Tat begleitet haben, gehören Diane Brandt, Vaughn Cox, Teresa Garrison, Joan Grant, Hank May und Lori Porter.

Die Herausgeber

Inhalt

Einführung

Bereits zu Lebzeiten war John Lennon für seinen Weitblick bekannt. Mehrfach hat er die Grenzen der anerkannten Realität überschritten, um im Meer der Möglichkeiten zu schwimmen. Er lädt Sie jetzt ein, dasselbe zu tun.

In LOVE berichtet John Lennon von seinen Erfahrungen auf der anderen Seite der Tür, die wir Tod nennen – eine Tür, die nichts anderes bedeutet als den Übergang von einem Aspekt des Lebens, das nicht zu Ende ist, in einen anderen.

Die wichtigste Aussage dieses Buches lautet:

Das unbegrenzte Potential der Menschheit wird bald verwirklicht werden. Unsere Möglichkeiten als Menschen auf der Erde sind in der Gesamtheit der Schöpfung bei weitem noch nicht ausgeschöpft, und nirgendwo ist es aufregender als hier – gerade jetzt.

Die Wahrheit, die sich in LOVE verbirgt, entspricht der Weisheit, die in den großen Religionen der Erde zum Ausdruck kommt. Jede Religion vertritt die Hypothese einer über den Tod hinausgehenden Realität. Jede von ihnen beschreibt einen höheren Sinn des Seins jenseits der Grenzen der physischen Existenz, und jede der Weltreligionen ermutigt die Menschen, nach Liebe, Frieden, Weisheit und einer persönlichen Beziehung zu Gott zu streben.

Für manch einen wird dieses Buch „einen Schritt zu weit gehen" – auf den ersten Blick. Selbst wir, die Herausgeber, die wir über einen ausgedehnten metaphysischen Hintergrund verfügen, hatten Mühe, einige der Informationen anzunehmen.

Nach seiner Reise durch den Lichttunnel wird John von seiner Mutter, Julia, erwartet. Sie dient als eine Art ‚himmlische Führerin' und Lehrerin und bringt ihn mit mehreren Engel- und Geistwesen zusammen. Anschließend führt sie ihn zu der Großen Halle der Schöpfung und deren Heiligtum der Engel, wo seine Übermittlung zur Erde beginnt.

Im Heiligtum treffen wir einen großen Musiker, der John bei seinen Kompositionen auf der Erde unterstützt hat und ihm half, den Musikgeschmack eines breiten Publikums anzusprechen. Wir begleiten John, wenn er sich an die Zeit erinnert, bevor er menschliche Gestalt annahm und das Drehbuch für sein Leben schrieb. Dabei macht er die Entdeckung, daß alles nach Plan geschieht.

Zahlreiche Wesen, unter anderem die ,Baumeister', die ursprünglich am Bau des physischen Körpers beteiligt waren, beschreiben die Veränderungen, die wir Menschen erfahren werden:

Durch die DNS direkter Zugang zur göttlichen Energie in jeder menschlichen Zelle; die Entstehung fünf neuer Chakras und Frequenzbänder innerhalb unserer Energiekörper wie auch im ,Körper' der Erde selbst; Änderungen an den endokrinen Drüsensystemen und dem zentralen Nervensystem; Veränderungen der atomaren Struktur und der Funktionen des Blutes; die Fähigkeit, andere Lebensformen auf der Erde zu sehen und mit ihnen zu kommunizieren, und schließlich direkte persönliche Kontakte mit Sternen und Planeten weit außerhalb unseres Systems.

In späteren Kapiteln dienen zwei violett strahlende Engel als Johns persönliche Begleiter und Lehrer. Er wird durch Feuer (die Heilige Flamme), durch Wasser (der Kristallbrunnen) und achtmal im Tempel der Oktave gereinigt – und schließlich überschreitet er auch die letzten physischen Begrenzungen, um sich mit dem Schöpfer zu vereinen.

Nun kehrt er zurück und bringt den Menschen in diesem Buch die Botschaft, daß es unser Schicksal ist, Zeit und Raum zu überschreiten – um unser individuelles Bewußtsein mit jedem anderen Menschen, mit unserem Planeten und mit Gott zu vereinen.

Die meisten dieser Informationen wurden Jason Leen bereits 1981 und 1982 übermittelt. Sie, liebe Leser und Leserinnen, werden fragen, warum dieses Buch erst jetzt herauskommt.

Nun, war die Welt 1982 dafür bereit? Waren die Menschen aufgeschlossen genug, um Johns Botschaft zu empfangen?

Wir glauben, daß sich die Menschheit in den letzten Jahren sehr schnell entwickelt hat – und daß die Menschen jetzt bereit sind, gemeinsam an der Schaffung einer Welt des Friedens, der Liebe und der Freude zu arbeiten.

Für uns, die Herausgeber, ist dieses Material gleichermaßen Erfahrung wie auch Information gewesen – ein Samenkorn, das, von der Zeit losgelöst, mentales, emotionales und spirituelles Wachstum bewirkt – und wir sind mit unserer Entwicklung noch lange nicht am Ende.

John hat diese Information übermittelt, weil sie in seinen Augen ein lebendiges und wirkungsvolles Werkzeug ist – sowohl für den einzelnen Menschen als auch für die Menschheit insgesamt.

Weil die Wahrnehmungen des einzelnen jedoch auf seinem oder ihrem persönlichen Glaubenssystem beruhen, kann nur jeder für sich selbst entscheiden, was für ihn Gültigkeit hat.

März 1989 *Die Herausgeber*

Bemerkungen des Autors

Auch wenn die meisten Menschen zugeben werden, daß John Lennon ein sehr talentierter – ja begnadeter – Künstler war, werden sich viele darüber wundern, daß es ihm gelungen ist, die traditionellen Grenzen des Todes zu überschreiten. Aber John hat nie zugelassen, daß Tradition seinen Wunsch, eine engere Beziehung mit dem Leben einzugehen, behindert.

Eine ganze Generation junger Menschen, die von seiner Offenheit und Sensibilität inspiriert wurde, ist seiner Führung gefolgt. Jetzt fordert er uns auf, den Tod auf völlig andere Weise zu sehen als bisher. John hat den ‚Irrglauben des Todes' hinter sich gelassen und möchte, von den Fesseln der Begrenztheit befreit, seine Erlebnisse mit uns teilen.

Sie werden fragen: „Wie?"

Seit meiner Geburt habe ich die Gabe des Hellhörens – eine Fähigkeit, Stimmen und Geräusche aus einer größeren Entfernung oder jenseits des normalen menschlichen Bereichs zu hören. Viele Jahre lang habe ich diese Gabe unterdrückt in dem Glauben, sie hätte für mein Leben und meine Arbeit auf der Erde keine Bedeutung.

Als ich mich Anfang der siebziger Jahre an der Grenze zwischen Nepal und Tibet herumtrieb, machte ich mit dem Phänomen Bekanntschaft, das die buddhistischen Mönche ‚direkte Übermittlung' nennen. In dieser Erfahrung nehmen zwei Wesen, ein lebendes und ein totes, mental miteinander Verbindung auf. Der lebende Mensch erhält Informationen, die oft so weit gehen, daß Projekte, die von dem Verstorbenen unvollendet geblieben sind, zu Ende geführt werden. Anders als das, was normalerweise ‚Besessenheit' genannt wird, macht der Verstorbene keinen Versuch, Kontrolle über den

Lebenden zu erlangen – im Gegenteil: gegenseitige Achtung und Unterstützung bestimmen die Zusammenarbeit.

Nach meiner Rückkehr aus dem fernen Osten begann ich, mich eingehend mit den Phänomenen ‚Hören' und ‚Kontakt' zu beschäftigen. Ich prüfte eine mögliche Verbindung zwischen meinem Hellhören und dem Zustand des ‚direkten Wissens', das die frühen Christen und Essener ‚Gnosis' genannt haben.

Mein erstes größeres Erfolgserlebnis hatte ich am frühen Morgen des 6. Januar 1973, als ich eine weibliche, sehr erregte Stimme hörte, und dann materialisierte sich eine feinstoffliche Gestalt in meinem Studio zu Hause. Es war Almitra, eine arabische Priesterin. Sie war gekommen, um mir eine Geschichte zu erzählen. Ich hatte keine Ahnung, daß ich an der Schwelle eines Projektes stand, das mehr als sechs Jahre in Anspruch nehmen würde.

Mehrere Jahre vergingen, bevor mir klar wurde, daß dies die Vollendung einer Trilogie war, die Khalil Gibran, der ehrwürdige libanesische Mystiker, 1920 begonnen hatte. Gibrans erstes Buch aus der Reihe ‚Der Prophet' ist als literarisches Meisterstück anerkannt und eines der meistgelesenen Bücher überhaupt.

Bevor Gibran 1931 starb, hatte er mit aller Bestimmtheit erklärt, sein Werk würde nach seinem Tod fortgesetzt werden. (1)

Durch meine Verbindung zu Gibran entstand ‚Der Tod des Propheten', ein Buch, das 1979 zum ersten Mal veröffentlicht, dann überarbeitet und 1988 neu herausgebracht wurde.

Das Gibran-Material zu empfangen war ähnlich, wie ein Diktat aufzunehmen, mit einem Unterschied: manchmal war die Energie so stark, daß sie meinen physischen Körper fast überforderte. Zu Beginn mußte ich meine ganze Kraft aufwenden, um den Stift überhaupt halten zu können, und ich konnte diese Energie nur wenige Minuten aushalten. Das ist der Grund, warum die Vollendung des Buches so lange dauerte – für das erste Kapitel allein brauchte ich sechs Monate.

John Lennons Informationen kamen auf einem etwas anderen Weg zustande, den ich als ‚offene Bewußtseinsverbindung' bezeichnen möchte. Bei dieser Technik ist weder ein Trancezustand noch eine Seance erforderlich, und während der gesamten Dauer der Kommunikation ist der Empfänger bei vollem Bewußtsein.

Mit anderen Worten: Ich stimme mich auf die Schwingung der Person ein, die mit mir kommunizieren möchte, und gemeinsam bilden wir eine Brücke. Die Information wird über diese Brücke weitergegeben. Dann formuliere ich das, was mir übermittelt worden ist, wobei ich mich so nah wie möglich an die beabsichtigte Form, den Inhalt und den gefühlsmäßigen Kern des Wesens halte, das mit mir in Verbindung steht.

In meiner sechsjährigen Arbeit mit Gibran fand ich mit Erstaunen heraus, wie außerordentlich viele Durchsagen andere Menschen aus anderen Dimensionen erhalten. Im Äther schien sich ein Fenster geöffnet zu haben, und viele von uns Menschen wurden zum Kanal für die hereinfließende neue Energie. Rosemary Brown empfing musikalische Kompositionen, die von berühmten Komponisten der Vergangenheit übermittelt wurden. Jane Roberts schrieb eine Reihe Bücher über die natürliche Beschaffenheit der Wirklichkeit, die ihr von einem multidimensionalen Wesen namens Seth (2) übermittelt wurde. Das Material, das durch diese und andere Kanäle hereinkam, ergänzte die umfangreichen Readings von Edgar Cayce in den Jahren zwischen 1930 und 1940.

Als der Fluß der interdimensionalen Informationen immer mehr zunahm, fragte ich mich, ob die Welt auf ein außergewöhnliches Ereignis vorbereitet werden sollte. Als ich John Lennons Enthüllung hörte, kannte ich die Antwort.

Das Lennon-Abenteuer beginnt.

Meine erste direkte Begegnung mit John erfolgte drei Nächte nach seinem Tod. Ich war allein zu Haus. Plötzlich hörte ich eine Stimme, die so voller Gefühl und Liebe war, daß ich meinte, es müsse ein Engel sein. Seine Botschaft füllte den Raum:

„Gott sei mit dir, geliebter Bruder. Wir kommen zu dir im Namen des Allerhöchsten, um die Menschheit an ihre Göttlichkeit zu erinnern. Wir bitten dich, einem Bruder zu helfen, der plötzlich von deiner Welt genommen wurde. Er hat den Menschen viel zu sagen."

Ich erklärte mich bereit, mein Möglichstes zu tun, ohne zu wissen, wem ich helfen sollte. Dann fuhr die Stimme fort: „Jason, hier ist dein Bruder John."

Ich sah John Lennons Gesicht so klar, als wenn er dort in physischer Gestalt gestanden hätte. Obwohl er noch in einem Übergangsstadium war, konnten wir einen Energieaustausch vornehmen, der uns beide tief bewegte. Bei seinem ersten Besuch sagte John nicht viel – nur, daß der Gedanke, von seiner Familie getrennt zu sein, für ihn am schlimmsten sei. Er betonte seinen Wunsch, weiterhin mit der Erde zu kommunizieren. Sein Besuch war nur sehr kurz, und ich erzählte niemandem, was geschehen war, außer meiner Frau.

Am nächsten Tag, dem 12. Dezember, geschah nichts Außergewöhnliches, aber ich fühlte eine deutliche Veränderung in meinem Körper. Ich spürte, wie mein Schwingungsniveau erhöht wurde, so daß ich eine klare Verbindung mit Lennons neuer Bewußtseinsebene eingehen konnte.

Am nächsten Tag kehrte John zurück, um mir zu sagen, daß er noch in der Phase der Heilung sei. Unsere Gespräche würden daher in der ersten Zeit der Anpassung kurz sein und erst im Laufe der Zeit länger werden.

In dieser ersten Woche äußerte John seine Sorge über die Menschen, die sich über seinen Tod grämten. Er sagte, sein feinstofflicher Körper werde von den Millionen Menschen, die ihn zur Erde zurückriefen, stark angezogen.

Wenn auch durch die weltweite schweigende Gedächtnisfeier zu seinem Tod tief berührt, wollte er dennoch, daß die Menschen, die um ihn trauerten, diese Phase schnell überwanden. (3) Er erinnerte sich nur zu gut an seine eigene Angst, die dem Tod seiner Mutter gefolgt war.

Als wir miteinander vertrauter wurden, intensivierten sich unsere Gespräche. John berichtete mir weiterhin von seinen Heilungserfahrungen, die seinen Schmerz an die Oberfläche brachten, wo er ihn dann loslassen konnte. Es war eine großartige Lektion für mich zu hören, mit welcher Liebe und Hingabe sich die Engel und andere göttliche Wesen um ihn kümmerten. Er sagte, für jeden von uns auf Erden werde ständig in derselben liebevollen, aufmerksamen Weise gesorgt. Als ich sah, wie er bei jedem Besuch mehr und mehr strahlte, hatte er mich überzeugt.

Am Weihnachtsabend 1980 verkündete John, er sei völlig geheilt, und es sei ihm freigestellt, selbst zu entscheiden, was er tun wolle. Jetzt verriet er mir auch Einzelheiten zu unserer gemeinsamen Arbeit, die er „Unser großes Abenteuer" nannte.

Bei unserem ersten Treffen hatte John erklärt, es werde eine vierwöchige Übergangszeit geben, bevor wir uns richtig an die Arbeit machen könnten. Am 6. Januar 1981 ging es ernsthaft los – auf den Tag genau acht Jahre vorher hatte ich mit der Niederschrift von ‚Der Tod des Propheten' begonnen.

Anfang November 1981 bat mich John, aus dem während unserer gemeinsamen Monate gesammeltem Material ein Buch zusammenzustellen. Er nannte auch den Titel, ‚Peace at Last' (4), der die Botschaft des Buches wunderbar zum Ausdruck bringt und die Ruhe und Klarheit überträgt, die er gewonnen hat und mit uns teilen möchte.

Es war Johns Entscheidung, das Buch mit den Ereignissen um seinen Tod zu beginnen. In den letzten Jahren hat es zahlreiche Veröffentlichungen zu Nah-Tod-Erfahrungen gegeben. Beinahe alle diese Berichte sprechen von einer Reise durch einen Lichttunnel, ähnlich wie John sie erlebt hat. Die meisten Beschreibungen enden jedoch an diesem Punkt. Meines Wissens enthält keine von ihnen das vollständige Spektrum der Erfahrung und Information, wie es in diesem Buch beschrieben wird.

John hat mich während unserer gemeinsamen Zeit oft gefragt: „Werden sie glauben?"

Dieser Bericht über seine Todes- und Nach-Todes-Erfahrungen ist in meinen Augen so klar, daß seine Wirklichkeit offensichtlich ist.

Von seinem Schmerz geheilt und mit Liebe für die gesamte Menschheit erfüllt, ist John Lennon wahrhaftig transformiert worden. Er ist jetzt Teil der göttlichen Wahrheit, die er aus eigener Erfahrung, aus erster Hand, von den Engeln und aus verschiedenen Aspekten des göttlichen Geistes gewonnen hat. Daß wir an seiner Transformation teilhaben dürfen, ist ein Geschenk John Lennons von unschätzbarem Wert.

März 1989   *Jason Leen*

(1) Als Gibran starb, hatte er das zweite Buch, ‚Der Garten des Propheten', fast beendet. Dieses Buch wurde später von Barbara Young mit einer ähnlichen Technik wie der meinigen beendet.

(2) Beim Entstehen dieser Bücher sprach oder ‚channelte' Seth direkt durch Jane Roberts. Sie schrieb noch zwei weitere Bücher, wobei sie sich einer ähnlichen Technik wie der meinigen bediente. Diese Werke beziehen sich auf die Nach-Tod-Gedanken und Reflexionen des Philosophen William James und des Malers Paul Cezanne.

(3) Yoko Ono bat um ein zehnminütiges schweigendes Gedächtnis um 14 Uhr MEZ. Menschen versammelten sich überall auf der Welt, um Johns Tod zu gedenken und den Wunsch nach Frieden in seinem Namen zu bekräftigen.

(4) Ursprünglicher Titel ‚Peace at Last'. Da die deutsche Übersetzung dieses Begriffs nicht genau das wiedergibt, was John Lennon gemeint hat, erscheint die deutsche Ausgabe unter dem Titel ‚LOVE'. Wir sind sicher, im Sinne von John Lennon gehandelt zu haben, zumal der Begriff ‚LOVE' (in Johns Sprache) seine Botschaft voll und ganz zum Ausdruck bringt.

Bemerkungen der Herausgeber

Einige der in LOVE verwendeten Begriffe sind den meisten Menschen nicht vertraut. Wir empfehlen Ihnen daher, zuerst das Glossar (Erläuterung der Begriffe) zu lesen, bevor Sie mit dem eigentlichen Buch beginnen.

Es war eine Herausforderung für John, seine Abenteuer wiederzugeben, da viele von ihnen in den Sprachen der Erde einfach unbeschreiblich waren. Er begegnete oft Bildern, Tönen und Farben, die sich von allem, was er auf Erden erlebt hatte, kraß unterschieden. Es dauerte daher nicht lange, und die Worte und Ausdrücke fehlten ihm, um das zu beschreiben, was er sah.

Viele der Veränderungen, die in diesem Buch als ‚künftige Ereignisse' beschrieben werden, haben inzwischen bereits stattgefunden, auch wenn sie vielleicht für unsere physischen Sinne noch nicht wahrnehmbar sind. Einige Veränderungen haben jetzt begonnen, andere werden bald folgen.

Wenn die Begriffe „eure Rasse" oder „die Rasse" gebraucht werden, beziehen sie sich auf die gesamte menschliche Rasse. Im vorliegenden Text sind die folgenden Begriffe für den Namen Gottes verwendet worden: Vater, Schöpfer, Mutter/Vater Gott, Göttlicher Geist, die Urquelle, die Göttliche Präsenz, die Göttliche Kraft, die Göttliche Quelle.

Im letzten Kapitel erscheint der Herr der Schöpfung John in einer Gestalt, die an Jesus erinnert. Wir haben dies so verstanden: Gott offenbart sich jedem Menschen in der Erscheinungsform, wie es sein/ihr persönlicher Glaube oder seine/ihre Erwartungen zulassen.

„Leben ist die Kindheit unserer Unsterblichkeit."

Goethe

1

Die offene Tür:
Ende und Neubeginn

Kennst du das? – Du hast das Gefühl, irgendetwas stimmt nicht, aber du willst es nicht wahrhaben? Genau dieses Gefühl hatte ich in der Nacht, als ich aus der Limousine ausstieg und zum Dakota (1) ging.

Bereits seit einigen Tagen verspürte ich ein undefinierbares Gefühl, so, als ob sich etwas verändern würde. Zuerst dachte ich, es hätte etwas mit ,Starting over' zu tun. Das Album ,Double Fantasy' war für mich in gewisser Weise ein Neuanfang.

Zum ersten Mal seit Seans Geburt war ich aus meinem Leben als Hausmann ausgebrochen. Ich war wieder in der ,wirklichen Welt' – verfolgte neue Spuren und gab Interviews. Es war aufregend!

Mit Yoko wieder im Studio zu sein, gefiel mir sehr, und es war großartig, morgens mit neuen Songs im Kopf aufzuwachen. Die Zukunft lag vor uns ... dessen war ich sicher.

Während des Mittagessens hatten wir über die zunehmende Gewalt in der Stadt diskutiert. Ich betrachtete diese Vorfälle mit großem Unbehagen, da sich durch sie das bereits bestehende Mißtrauen nur noch weiter verstärken würde.

Wir hatten eine phantastische Session im Studio, aber das nagende Gefühl der Veränderung wurde immer stärker. Ständig schweiften meine Gedanken zu Sean. Schließlich bestand ich darauf, nach Beendigung der Session nicht mit den anderen essen zu gehen, sondern direkt nach Hause zu fahren.

Als ich auf das Dakota zuging, legte sich die kalte feuchte Luft wie ein Leichentuch auf mein Gesicht; ich wollte nur hinein, um mit Yoko und Sean in der Wärme zusammenzusein.

Plötzlich hörte ich die Stimme eines Mannes. „Mister Lennon."

Kaum hatte ich mich umgedreht, explodierte die erste auf meine Brust gerichtete Kugel – dann die zweite, die dritte ... und ich begriff, was geschah.

Die Lichter um mich herum wurden heller. Mein Verstand schrie „Yoko! Rettet Yoko!" Dann wurde ich von einem unglaublichen Schmerz in der Brust und Wellen von Hitze und Übelkeit überwältigt.

Mein Körper stolperte die Treppen hinauf und in das Gebäude hinein; es muß ein rein physischer Reflex gewesen sein. Irgendwo begann in meinem Kopf die Litanei: „Drinnen bist du sicher ... drinnen bist du sicher!"... immer wieder, bis ich auf dem Boden zusammenbrach.

Fallen ...

      Fallen ...

            Fallen ...

Ich schien für alle Ewigkeit zu fallen. Plötzlich blieb ich unbeweglich liegen ... jedoch nur für einen Augenblick. Mein Astralkörper vibrierte so stark, daß er nicht mehr zu halten war, und wie mehrmals zuvor in meinem Leben hatte ich mich erhoben und war außerhalb meines Körpers – d.h. meines physischen Körpers.

Unter mir sah ich einen Mann in einem Meer von Blut liegen. Mich. Yoko schrie nach einem Arzt – nie zuvor habe ich sie in solchem Schmerz erlebt. Ich versuchte, zu ihr durchzukommen, um sie irgendwie zu trösten, aber sie hatte sich völlig abgeschottet. Sie wollte nicht wahrhaben, was vor ihren Augen geschah.

Mit der mir verbleibenden Kraft konzentrierte ich mich auf eine einzige, drängende, tief empfundene Bitte an Jay Hastings (2), der neben meinem Körper kniete und sich über mich beugte: „Hilf Yoko!"

Ich spürte ein unbeschreibliches Ziehen meines Astralkörpers. Ich wollte unbedingt bleiben und Yoko helfen, aber ich konnte nichts tun. Das Ziehen wurde stärker und stärker ...

Dann stabilisierte sich die Helligkeit im Raum, und mich überkam ein tiefes Gefühl des Friedens. Als ich von meinem physischen Körper befreit war, wußte ich: Ich war tot!

Strahlend helles Licht erfüllte den Raum, und die Welt, die ich gekannt hatte, verschwand. Ich wurde durch einen ‚Tunnel' gezogen, so hell wie die Sonne selbst. In den Nah- Tod-Erfahrungen von Menschen hatte ich über den Lichttunnel gelesen, aber ich konnte kaum glauben, daß ich es war, der dies jetzt erlebte.

Als meine Geschwindigkeit zunahm, schienen sich die Schußwunden wie Klumpen einer harten Substanz in einem weichen Gewebe zu kristallisieren. Ich war erstaunt, sie immer noch spüren zu können, obwohl ich meinen Körper weit hinter mir gelassen hatte. Wie Wellen durchbrausten mich die Töne einer Musik – die schönste Symphonie, die ich je gehört hatte. Was für ein Trip! Die Musik wurde schneller und schneller, bis sie in einem großartigen Crescendo gipfelte. Ich war in Ekstase!

Plötzlich war alles zu Ende. Ich wußte, daß ich aus dem Tunnel heraus war, aber alles, was ich sah, war Licht.

Ich spürte jemanden in meiner Nähe. Vielleicht war es ein Engel ... oder ...

Dann hörte ich meinen Namen „John."

Diese Stimme! Sie erschütterte mich zutiefst. Es war meine Mutter! Julia! Ich hatte nicht zu hoffen gewagt, ihre Stimme jemals wiederzuhören. „Ich bin so froh, dich zu sehen!"

Sie nahm mich in die Arme. Sie drückte mich an sich. Sie küßte mich. Freude erfüllte mich! Ich schaute ihr tief in die Augen. Sie war es ... Julia!

Sie sah so glücklich aus, so friedlich. Ihr Körper war fester als meiner und strahlender. Würde sich meiner mit der Zeit verändern? Existierte der Begriff ‚Zeit' überhaupt?

Es war alles so anders, als ich es mir vorgestellt hatte. Aber wie froh war ich zu entdecken, daß man wirklich erwartet wird, wenn man die Schwelle zum Tod überschreitet. Und wie wunderbar, daß es meine Mutter war – ich hatte sie so sehr vermißt!

„Danke, Mum, daß du gekommen bist. Ich bin so froh, daß du da bist."

„Oh John, ich bin in all den Jahren jeden Tag bei dir gewesen – wenn du es doch nur gewußt hättest. Jetzt will ich die Mutter für dich sein, die ich auf der Erde nicht sein konnte."

(3)

Mein ganzer Körper wurde von schmerzlichen Kindheitserinnerungen geschüttelt. Mum hatte mich, als ich klein war, während der Luftangriffe in ihren Armen gehalten, und ich betete damals zu Gott, mich, wenn mich die Bomben treffen sollten, an Mutters Hand in den Himmel aufzunehmen.

Die Schüsse ... hatten wie Bomben geklungen. Und hier war Julia. War das der Himmel?

Meine Gedanken gingen zurück zu Yoko und Sean. Was würden sie tun? Nicht einmal Lebwohl hatte ich gesagt.

Dann spürte ich einen kühlen Wind, der mich streichelte und tröstete; er trug mich den Weg zur Erde zurück.

Ich konnte ihre Gesichter sehen. Zuerst sahen sie normal aus, aber dann änderte sich ihr Ausdruck, als Angst und Kummer die Oberhand gewannen. Was würden sie jetzt tun? Schmerz durchflutete meinen Körper. Mein Gott, wie ich sie liebte! Wir waren wirklich eine Familie. Sean und ich, wir waren uns so nahe – und Julian ... ich begann, die Kontrolle zu verlieren.

Mutter legte mir die Hand auf die Schulter, und ich war wieder bei ihr. Ihre Liebe – und das Licht um uns herum – halfen mir, mein Gleichgewicht wiederzufinden.

„John, deine wichtigste Aufgabe kommt noch. Aber zuerst mußt du deinen Schmerz überwinden; du mußt völlig geheilt sein und Frieden gefunden haben."

* * *

Das Licht wurde heller, und drei Engelwesen erschienen, in den schönsten Farben strahlend, die ich je gesehen hatte.

Die Farben in ihren Körpern flossen aus ihren Händen, wurden zu einem Wasserfall aus Farben und badeten mich in Millionen winziger Kügelchen. Ich glühte in drei verschiedenen Schichten aus Licht.

Dann dehnte sich die strahlendste Schicht aus, bis alle drei zu einer einzigen verschmolzen: Meine Wunden wurden mit meinem restlichen Körper eins. Keine Spur mehr von ihnen. Hui! Das war großartig! Wenn uns das auf der Erde gelänge!

Mutter legte mir die Hand auf die Brust, wie es eines der engelgleichen Lichtwesen getan hatte. Gemeinsam sandten sie denselben Gedanken aus: „Friede sei mit dir." Eine mächtige Schwingung erfüllte meinen Körper, und ich spürte ein tiefes Gefühl der Befreiung.

Was für ein unglaubliches Erlebnis!

Julia teilte meine Freude und lachte. „Willkommen zu Hause, John. Willkommen zu Hause!"

Plötzlich waren wir von einer wundervollen Landschaft umgeben. Ich sah Bäume, Wasser, Blumen, Vögel und andere Tiere – genau wie auf der Erde – nur viel, viel schöner. Der Anblick, die Töne, die Düfte, alles verschmolz zu einer Einheit. Es war, als wenn alles aus Licht wäre. Ich konnte es riechen, hören, schmecken, alles gleichzeitig! Überall war Licht!

War die Erde je so schön gewesen? War das hier das Paradies?

„Mutter, wo sind wir?"

„Wir sind an der Grenze zu dem, was die Menschen auf der Erde ‚Himmel' nennen", sagte sie. „Wir werden hier bleiben, bis du gelernt hast, deinen Verstand und deine Gefühle unter Kontrolle zu halten."

** *

Einen schöneren Sonnenuntergang konnte ich mir nicht vorstellen, aber sie hatte gesagt, das wäre ein Grenzland ... konnte der Himmel überhaupt noch schöner sein als das hier?

„Was meinst du mit ‚Grenze' zum Himmel?" fragte ich.

Indem sie sieben Kreise in die Luft zeichnete, meinte Julia: „In diesem Bereich der Schöpfung gibt es sieben miteinander verwobene Sphären der Existenz und Erfahrung. Jede von ihnen hat direkten Einfluß auf das, was in der physischen Welt geschieht.

Wenn diese Sphären miteinander vereinigt sind, wird eine achte entstehen. Die vollendete achte Sphäre wird Himmel genannt. Wenn du erst die Erhabenheit des Himmels erfahren hast, werden dir die Grenzbereiche nicht mehr so wunderbar erscheinen. Sie dürfen jedoch keinesfalls weniger hochgeschätzt werden. Alle Welten sind ein Teil des Himmels, da alle gemeinsam denselben Schöpfer haben. Die Erde ist eine Erscheinungsform des Himmels; allerdings ‚schläft' sie zur Zeit.

Für die Erde wird die Zeit des Erwachens kommen, aber zuerst muß die Menschheit erwachen und sich erheben."

„Auf der Erde kannst du sieben Bewußtseinsstufen erkennen: Atome, Mineralien, Flora, Fauna, Menschen, Äther und Engel. Auch der Regenbogen hat sieben Farben: rot, orange, gelb, grün, blau, indigo und violett.

Diese Farben haben einen direkten Bezug zu den sieben Energiezentren in deinem feinstofflichen Körper, die als Chakras bekannt sind. Jedes Chakra entspricht einer der sieben Drüsenzentren im endokrinen System (d.h. Systeme mit innerer Sekretion): Nebennieren, Keimdrüsen, Solar Plexus, Thymus, Schilddrüse, Zirbeldrüse und Hirnanhangdrüse.

Während deines ganzen Lebens auf der Erde empfangen die Chakras Energie direkt von den sieben himmlischen Sphären. Die Chakras transformieren das Schwingungsniveau der Energie und verteilen sie über die Drüsen. Ohne diese Energie kann der Körper auf der Erde nicht leben. Sie ist seine Nahrung."

„Mum, wo sind wir denn jetzt? Welche Sphäre ist das?"
„Wir sind auf der dritten himmlischen Sphäre. Sie hat viele Namen, aber der gebräuchlichste ist ‚Der Garten'. Unsere Mutter/unser Vater Gott hat den richtigen Hintergrund für jede Phase deines Wachstums ausgesucht. Hier wirst du auf die Erfahrungen vorbereitet, die vor dir liegen.

Einige der am höchsten entwickelten Seelen im ‚Königreich' haben mich beraten und für dein Kommen geschult. Wir haben viel zu tun.

Die Verfügung lautet: ‚**Die Menschheit soll den Tod nicht mehr fürchten!**' Du wirst gebeten, den Menschen auf der Erde zu helfen, das zu verstehen. Sie müssen begreifen lernen, daß der Tod nur eine Illusion ist. Sie müssen die Angst vor dem Tod verlieren, um die Wahrheit ihrer Unsterblichkeit zu erkennen. Nur dann werden sie die Lebensfreude und die Gnade des Lebens erfahren können.

‚**Durch einen von ihnen, der vor ihnen gehen mußte, werden sie ihren Weg finden**'. So lautet die Prophezeiung. Für viele Männer und Frauen, die zu verschiedenen Zeiten auf der Erde gelebt haben, hat sie gegolten. Sie gilt auch für dich.

Damit du deine Mission beschleunigt ausführen kannst, wirst du die Phasen ‚Reinigung' und ‚Auswahl' überspringen. Diese Prozesse sind Teil des Reinigungvorgangs und der Schwingungsangleichung nach dem Tod. Sie sind nicht schmerzvoll, können aber für die Seele lange Zeiten des Suchens mit sich bringen. Viele neu angekommene Seelen machen in dieser Zeit eine Phase der Verweigerung durch – zuerst weigern sie sich zu glauben, sie wären tot, und dann weigern sie sich zu glauben, daß sie noch leben.

Die meisten Seelen wollen bei ihrer Ankunft nichts anderes, als im ‚Tal des letzten Schlafes' auszuruhen. Sie können sich dieser Ruhe hingeben, so lange sie wollen, um sich der neuen Realität anzupassen. Deine Übergangsphase ist beschleunigt worden, damit du deine Arbeit so schnell wie möglich beginnen kannst."

„Was ist das für eine Arbeit?" fragte ich.

„Seit Menschengedenken hat die Angst vor dem Tod die Menschheit zu Sklaven gemacht", antwortete sie. „Dieser Irrglaube muß aufhören."

„Und ich soll ihnen sagen, so etwas wie ‚Tod' gibt es nicht?" fragte ich.

„John, die Menschen auf der Erde haben dich zu Lebzeiten als Sprecher für den Frieden der Welt gekannt. Viele haben dich geliebt und lieben dich noch immer. Der Weg ist vorbereitet. Sie werden wieder auf dich hören."

Tausend Fragen jagten mir durch den Kopf. Aber irgendwie wußte ich, daß ich die Antworten bald bekommen würde.

* * *

Den Horizont mit den Augen absuchend, fragte ich, „Was also ist das ‚Tal des letzten Schlafes'?"

„Dieses Tal ist in der Vergangenheit in allen Religionsbüchern erwähnt worden", antwortete sie.

„In der letzten Zeit hat man es die Halle des Jüngsten Gerichts oder Tag des Jüngsten Gerichts genannt. Es ist ein Ort, der der Erholung und Vollendung dient, ein Ort der Ruhe innerhalb der ständigen Bewegung der Schöpfung. Diejenigen, die das Tal des Schlafes betreten, schlafen den Schlaf der Jahrhunderte, und wenn sie aufwachen, brauchen sie nie wieder zu schlafen. Es gibt endlich Frieden."

Tiefe Rührung erfüllte mich.

„In diesem Tal", fuhr sie fort, „geben sich die Seelen Rechenschaft über die Erfahrungen ihres Lebens, damit solche, die sie als ‚Fehler' erkennen, nicht mit in die Zukunft genommen werden. Wenn sie diesen Prozeß abgeschlossen haben, sind alle Ängste verschwunden und jede Seele ist für den Vater bereit. Das ist einer der wundervollsten Augenblicke in der gesamten Schöpfung. Der Wanderer ist heimgekehrt."

Plötzlich erfüllte ein Schwarm Vögel den Himmel – in allen Farben des Regenbogens schimmernd. Eine Flut von Fragen erfüllte den Himmel meines Geistes – in gewisser Weise ein Spiegelbild des Vogelflugs.

Erneut flogen meine Gedanken zu Yoko und zu meinen beiden Söhnen. So viele Erinnerungen. Liebe schien zu bestimmen, welche Erinnerungen in mir aufkamen – Menschen und Orte, die ich geliebt hatte, Zeiten, in denen ich mich geliebt fühlte. Mein Herz schrie nach meiner Familie ...

I love you with a love that knows no reason.
I love you with a love that knows no season.
I love you!

Mutter legte die Arme um mich und flüsterte: „Ich weiß, was in dir vorgeht. Ich weiß, wie es ist, so plötzlich gestorben zu sein. Erinnere dich, genau so habe ich dich verlassen. Es wird eine Möglichkeit für dich geben, deine Gefühle mitzuteilen, aber zuerst mußt du mehr über die Sphären hier lernen.

Egal, wo wir sind, John, unser Dasein und unsere Erfahrung werden von einer großen Zahl von Energien und Schwingungsangleichungen bestimmt. Die meisten Menschen sind sich jedoch dessen zu Lebzeiten nicht bewußt. Ich habe nie versucht, diese Dinge zu verstehen, als ich dort war. Es wäre mir albern und als Zeitverschwendung vorgekommen.

Aber auf dieser Sphäre versteht sie jeder. Hier wissen wir, daß wir unsere Gegebenheiten durch Austauschen von Energie schaffen.

Eine der größten Herausforderungen des Lebens auf der Erde ist, unsere schöpferischen Kräfte voll und ganz zu akzeptieren. Wir ahnen diese Fähigkeiten, aber die meisten Menschen schieben sie weg, indem sie sagen ‚das ist doch Zufall'. Erinnere dich zum Beispiel, wie oft du an jemanden gedacht hast, und kurze Zeit später rief er an. Und wie oft hast du in dem Moment, als das Telefon klingelte, gewußt, wer am anderen Ende ist! Denk an die Male, in denen du ‚etwas ahntest' – und es geschah!

Telepathie ist das Zaubermittel, das wir in der geistigen Sphäre verwenden, um uns mitzuteilen. Allein der Gedanke an jemanden oder etwas stellt die Verbindung unverzüglich her. Und dein freier Wille ist hier so erweitert, daß wirklich gilt: ‚Wie du glaubst, so wird es sein'. Jeder Wunsch wird sofort erfüllt. Deshalb mußt du erst lernen, deine Gedanken unter Kontrolle zu bringen, bevor du eine direkte und vollständige Beziehung mit deiner neuen Umgebung eingehen kannst.

Alles in der Schöpfung ist ein Gedanke im Geist Gottes. Alles ist eine Schöpfung des Geistes, und Gott ist die schöpferische Kraft, die sie in eine Form bringt. Das ist der wahre Schlüssel zum Königreich."

„Nun denn", sagte ich nachdenklich, „wenn jeder Wunsch hier erfüllt wird und man weder Erfolg noch Macht mit Geld kaufen kann – dann sind Gleichheit und Gleichberechtigung endlich erreicht."

„Du hast es erfaßt!" Julia lachte. Auch ich lachte. Das war großartig!

* * *

„Dein Geist ist durch den Tod so verändert worden, daß du Zeit und Raum auf völlig neue Art und Weise wahrnimmst", sagte sie. „Hier gibt es keine räumlichen Begrenzungen mehr, und Reisen geschehen blitzschnell. Reisen lernen ist der nächste wichtige Schritt für dich, und es ist ganz leicht. Also, entspann dich und laß uns anfangen!

Schließe die Augen und stell dir vor, du würdest einige Schritte von der Stelle entfernt sein, wo du jetzt stehst. Vielleicht fühlst du ein leichtes Vibrieren."

Zuerst spürte ich ein leichtes Schwindelgefühl, aber als ich die Augen öffnete, hatte ich mich genau zu der Stelle bewegt, die ich ausgesucht hatte.

„Das ist ein großartiges Spiel, Mum!" lachte ich und machte einige kleine ‚Seitensprünge'. Das Schwindelgefühl verschwand, als ich mich an den neuen Zustand gewöhnt hatte.

„Der Gedanke kennt weder Entfernung noch Grenzen", sagte sie.

„Du kannst überall hingehen, soweit es dir dein Schwingungsniveau erlaubt. Siehst du den Hügel dort drüben? Wir treffen uns auf dem Gipfel."

Lächelnd erinnerte ich mich an unsere gemeinsamen Spiele, als ich ein kleiner Junge war. Ich war mit Mum über kurze Strecken um die Wette gerannt, und wenn ich gewann, hatte ich mich groß und stark gefühlt. Jetzt schlossen wir beide die Augen und kamen im selben Moment auf dem Hügel an.

Vor uns lag ein wunderschönes, in Wiesen eingebettetes Tal, aber solches Gras hatte ich noch nie gesehen. Jeder Halm funkelte wie der schönste Smaragd auf Erden. Überall wuchsen Blumen in den wundervollsten Farben, und wie sie dufteten! Und – ich glaubte, meinen Ohren nicht zu trauen – sie gaben besänftigende Töne von sich!

Blendend weiße und silbrige Bäume säumten das Tal. In ihren Kronen saßen die schillernden Vögel, die ich zuvor schon gesehen hatte. Kristallene Farne – fast sechs Meter hoch – wuchsen zwischen den Bäumen. Sie schaukelten sanft, als wären sie unter Wasser.

Plötzlich war alles ruhig. Ich blickte zu Mutter hinüber, aber sie stand mit geschlossenen Augen da. Die Blumen schienen über das Gras zu fließen, zu schweben. Die Vögel hatten das Singen eingestellt – nichts bewegte sich. Die Bühne schien bereit zu sein – für ein Ereignis – oder ein Wesen.

Ein einziger wohlklingender Ton füllte die Luft. Ich konnte nicht sagen, wann oder wo er begonnen hatte – aber während ich lauschte, tauchte im Tal eine riesige Lotusblume aus Kristall auf *.

Eine Öffnung bildete sich an der Seite.

„Die Zeit ist gekommen, John. Das ist der Tempel der Oktave. Das ist dein Neubeginn."

Was hatte Julia mit ‚Neubeginn'? gemeint. Ich zögerte, aber nur einen Augenblick.

Mit ihr zusammen ging ich mit geschlossenen Augen auf den Eingang zu. Als wir im goldenen Licht des Tempels standen, wurde aus dem einzigen Ton eine faszinierende Symphonie.

„Achtmal mußt du diesen Tempel durchschreiten", sagte Mutter. „In Wirklichkeit ist es nur ein Tempel, aber er hat die Fähigkeit, sich im gesamten Frequenzbereich der menschlichen Entwicklung zu offenbaren. Jedes Mal wird er in einem anderen Tal erscheinen, und jedes Tal wird schöner sein als das vorherige. Dein Körper wird gereinigt und völlig geheilt werden – nichts wird in deinem Wesen bleiben außer Licht, strahlend rein und schön.

Halte dich bereit für ein außergewöhnliches Erlebnis!"

Im Tempel erwartete mich ein Wesen, dessen Glanz so stark war, daß ich den Blick abwenden mußte. Es strahlte eine Güte und Liebe aus, wie ich sie zuvor noch nie erlebt hatte.

Eine Flutwelle von Energie durchströmte mich, jedes Teilchen meines Seins war erfüllt vom Geist der Schöpfung. Millionen irdische Bilder wurden in dieser Welle reflektiert.

Die Energie machte mich stark, dieses Wesen erneut anzuschauen – aber selbst wenn dort zuvor eine Form gewesen war, pulsierte sie jetzt durchscheinend im Licht. Aus der Mitte ergoß sich ein Energiestrom und verband sich mit einem harfenähnlichen Instrument. Das Wesen hatte seine Energie mit den vielfarbigen ‚Licht-Saiten' der Harfe ver-

---

* Siehe Umschlagbilid 1 (Innenseite)

mischt und entlockte ihr eine wundervolle, heilende Musik. Die Musik lebte! Es war großartig!

Die irdischen Bilder bewegten sich schneller und schneller und bündelten sich in einem kräftigen Strahl weißen Lichts. Die Energie stieg und stieg – die ganze Erde schien durch meinen Körper zu laufen!

Allmählich begriff ich, was geschah. Dieses Wesen wandelte Licht der höheren Sphären in die Energie um, die auf der Erde als Töne wahrgenommen werden.

Der ‚Licht-Ton‘ floß durch mich hindurch, suchte alle Seiten meines neuen Körpers auf, die nicht in Harmonie waren, vermischte sie mit den Millionen verschiedener Bilder und Töne der Welle und nahm sie langsam von mir weg. ‚Gleiches zu Gleichem‘, dachte ich. ‚Die Erde nimmt sich zurück, was ihr gehört.‘

Sowie sich mein Bewußtsein erweiterte, entdeckte ich in der Energiewelle kleinere Muster – wie Kräuselwellen auf dem Wasser, wenn der Wind an einer Woge zaust. In allen Richtungen bewegten sie sich um mich herum, bis ich von einem Netz aus Lichtmustern umgeben war.

Das Licht wurde noch heller, pulsierender und strahlender, bis es zu einer festen Kugel aus Kristall verschmolz.

Mein ganzer Körper vibrierte mit der Musik der Schöpfung. In der Freude des Augenblicks fühlte ich mich eins mit all denen, die ‚die Engel singen hören‘.

Die Musik endete ... und wir waren wieder in dem Tal, von Bäumen und Blumen umgeben. Die Vögel hatten ihren Gesang wieder aufgenommen, und alles sah aus wie zuvor, ehe der Tempel auftauchte.

„Oh! Ist das wirklich alles geschehen?"

„Ja, John. Dein Erlebnis war sehr real. Die Lichtwesen in diesen Tempeln gehören zu den prachtvollsten Schöpfungen Gottes. Aber sie sind der Menschheit nicht überlegen.

Ich weiß, du kannst es noch nicht verstehen. Die Menschen meinen, die Engel wären spiritueller als menschliche Wesen, aber das stimmt nicht. Würden die Menschen das Göttliche in ihrem Innern bewußt bündeln, wie es die Engel tun, dann würden sie das ganze Königreich der Engel überstrahlen. Das Bibelwort ‚Gott schuf den Menschen ihm zum Bilde' stimmt sehr genau. Der Mensch ist das Abbild des göttlichen Bildhauers.

Die großartigen Wesen in den Tempeln sind beeindruckend mit ihrer Fähigkeit, das Licht zu bündeln. In dieser Sphäre sind sie die Quelle ihres besonderen Strahls von Lichtenergie. Aber sie können nur die Energien nutzen, die in ihrem individuellen Frequenzbereich liegen. **Wenn sich die Menschen ihrer eigenen Göttlichkeit voll bewußt werden, werden sie fähig sein, das ganze Spektrum der Schöpfungsenergie zu nutzen und uneingeschränkt Zugang zu allen Bereichen der Schöpfung haben."**

* * *

Das Gefühl der Lebendigkeit, das ich im Tempel gewonnen hatte, breitete sich in mir aus. „Ich fühle mich phantastisch, Mum! Sind die anderen Tempel wirklich noch notwendig?"

„Beruhige dich, John! Du hast noch nicht alle Lektionen gelernt. Viele Seiten deines Wesens sind dir noch fremd.

Die sieben miteinander verwobenen Sphären, von denen ich vorhin sprach, sind eher durch unterschiedliche Frequenzen getrennt als durch räumliche Entfernungen. Sie existieren gleichzeitig und bestehen aus derselben Substanz; aber jede schwingt auf einer anderen Frequenz.

Erinnerst du dich an den Bibelvers, in dem Jesus sagt: ‚In meines Vaters Haus sind viele Häuser'? Jedes ‚Haus' ist eine andere Ebene oder Sphäre, und jede ist in sich ein vollständiges Ganzes. Einer der größten Segnungen der Schöpfung ist, daß zwischen den verschiedenen Bereichen ‚Brücken' existieren, die uns Zugang zu allen Welten verschaffen."

‚Eine wirkliche magische Reise zu den Mysterien', dachte ich.

36

„Jeweils zwei Sphären sind durch eine Brücke miteinander verbunden, und so entsteht eine Vollkommenheit und Harmonie, die größer ist als die in jeder einzelnen Sphäre.

Diese miteinander verbundenen Sphären sind im gesamten Kosmos für den Frieden, der in ihnen herrscht, bekannt. Die Menschen sehen in einer solchen Verbindung den ‚Himmel', aber nur sehr wenige auf der Erde haben das völlig begriffen.

Ich habe von den sieben Sphären gesprochen, den sieben Stufen des Bewußtseins, und den sieben Chakra-Zentren. Die harmonische Kombination der Elemente in jedem dieser Systeme erzeugt eine achte Sphäre, die die Vollendung des Ganzen ist.

Dasselbe gilt für die feinstoffliche Form. Die Chakras entsprechen einem elektronischen Schaltplan, der in den winzig kleinen Bestandteilen deines Gehirns verschlüsselt eingebaut ist. Jedes dieser Chakras ist schwingungsmäßig versiegelt und geschützt, so daß jedes mit einer anderen Frequenz gereinigt und geheilt werden muß. Der Tempel der Oktave ist daher Ausdruck der acht getrennten Schwingungsniveaus, um die Heilung eines jeden einzelnen Zentrums zu erleichtern."

‚Das ist genau so wie mit den sieben Noten einer Oktave in der Musik', dachte ich. ‚Wenn du die achte Note hinzufügst, ist der Kreis geschlossen – dann kannst du melodische Akkorde spielen'. Allmählich begann ich, den Sinn der Geschichte zu begreifen.

Julia bewegte sich zu einem Hügel auf der anderen Seite des Tals. Ich schloß die Augen und folgte ihr. Es stimmte, was sie mir gesagt hatte – das Tal unten war noch schöner als das letzte.

„Es gibt mehrere Gründe, warum jedes Tal lieblicher erscheint als das vorherige. Das Schwingungsniveau erhöht sich von Tal zu Tal. Deine feinstofflichen Sinne sind viel sensitiver, als es deine physischen waren. Sie können daher nach jeder Reinigung im Tempel feinere Aspekte einer visuellen Schönheit wahrnehmen. Dein ganzes Wesen ist verändert, und du verstehst Zusammenhänge, die du auf der Erde vielleicht nicht hast wahrhaben wollen."

Das glaubte ich ihr. Mindestens ein Dutzend Themen fielen mir ein, denen ich ausgewichen war, bis ich Yoko traf. Selbst danach gab es noch Bereiche, für die ich nicht offen war, obwohl ich viel gelesen habe und meinen Neigungen auf recht ungewöhnliche Weise gefrönt habe.

* * *

Als der Tempel im zweiten Tal erschien, war seine Farbe leicht verändert. Wieder ertönte ein einziger wohlklingender Ton – ich spürte ihn im ganzen ,Körper'!

Wir schlossen die Augen und erreichten den Eingang, wo wir erneut in goldenem Licht gebadet wurden.

Die Musik dieses Tempels erfüllte mich mit einer überwältigenden Empfindung von Mitgefühl. Mein einziges Begehren war, reine Liebe zu verströmen – bis in alle Ewigkeit. Wellen starker Energie breiteten sich in meinem ganzen Körper aus, so stark, daß ich das Licht des Wesens im Tempel nicht ertragen konnte. Erst als es mir gelang, mich auf sein Schwingungsniveau einzustellen, sah ich einen Schwarm tanzender diamantener ,Glühwürmchen', einem Energiewirbel ähnlich, der in das Zentrum aus Licht eindrang.

Von dem Wirbel gingen Muster aus, die wie geschliffene Diamanten aussahen. Sie umhüllten meine feinstoffliche Form und komponierten ein Lied, das in mir alle Empfindungen wachrief, die ich jemals gespürt hatte.

Dann sog der Wirbel diese Empfindungen Stück für Stück auf und ließ mich mit einem Gefühl von Reinheit und Unschuld zurück, von dem ich nicht einmal zu träumen gewagt hätte.

* * *

(1) Lennons Wohnsitz in New York City

(2) Der Pförtner im Dakota

(3) John Lennon wurde am 9. 10. 1940 während eines Luft-angriffs geboren. Sein Vater verließ die Familie, als John noch klein war. Seine Tante Mimi und sein Onkel George gaben ihm ein liebevolles Zuhause, während sich Julia ein neues Leben aufbaute. Erst als er ein Teenager war, begann sie, in seinem Leben eine Rolle zu spielen. Sie kaufte ihm die erste Gitarre und brachte ihm die wichtigsten Griffe bei. Als sie sich auf diese Weise endlich nahegekommen waren, wurde Julia in der Nähe von Mimis Heim bei einem Unfall getötet. John hat später über ihren Tod gesagt: „Das Schlimmste, was mir je passiert ist."

*Einem einzigen Menschen kann in einem
Moment all das offenbart werden, was der
Menschheit seit Ewigkeit vorenthalten wurde.*

Khalil Gibran

2
Endlich Frieden

Das dritte Tal war ein Kaleidoskop sich ständig verändernder Formen, Farben und Töne – und alle spürte ich körperlich! Mum schien sich über meine Begeisterung zu freuen.

„Warum ist dieses Tal so instabil?" fragte ich.

„Die ersten beiden Täler haben noch mit der physischen Welt Verbindung", antwortete sie. „Das dritte Tal ist ein Übergangsort. Hier verwandelt sich die physische Materie allmählich in feinstoffliche Substanz zurück. Die Stabilisierung in eine Form ist nicht möglich, weil es zwischen den physischen und feinstofflichen Bereichen keine völlige Affinität gibt.

Hier wirst du die letzten Illusionen der Begrenztheit verlieren, auf die du dich eingelassen hast, als du den Schleier des Vergessens der Erde nahmst. Hier wirst du beginnen, deine wahre Natur zu erfahren."

Meine Gedanken gingen zum Tempel. Was würde geschehen? Würde es ähnlich wie beim letzten Mal sein?

Mum umarmte mich und küßte mich auf die Wange. „Dieses Mal, John, mußt du allein gehen. Wisse, daß meine Liebe dich auf dem ganzen Weg begleitet. Ich werde dich bei deiner Rückkehr hier erwarten."

Der Tempel der Oktave materialisierte sich erneut ... und die Energie im Tal pulsierte, als wenn ein unsichtbarer Strom durch das Tal floß. Erneut klang aus dem Tempel ein Ton.

Wir schlossen die Augen und standen sofort am Eingang. Als ich mich in das Innere hineinwünschte, wurde ich von einem Wasserfall mikroskopisch kleiner Lichtdiamanten überschüttet.

Ich stand in einem riesigen Diamanten – wie eine von zahllosen Spiegeln umgebene Sonne. Die Strahlung war so intensiv, daß ich die Augen kaum öffnen konnte. Als es mir schließlich doch gelang, strömte durch die kristalline Struktur Licht herein und zauberte ein Kaleidoskop aus Mustern und Tönen.

Allmählich begann ich zu begreifen, wo ich war. Im dritten Tempel schien geistige Energie in physische Form kondensiert zu werden.

Ich fühlte mich lebendiger als je zuvor! Auch dieser diamant-ähnliche Tempel schien zu leben. Seine Rhythmen verbanden sich zu einem Atem-Takt. Ein ... aus. Ein ... aus.

Die Lichter um mich herum pulsierten in sanft goldenem Glanz, meine Atmung wurde langsamer und bildete den Hintergrundrhythmus für die Musik.

Jedes Mal beim Ausatmen wurden die Bilder in meinem Kopf in die Facetten des Diamanten projiziert. Jedes Bild nahm seine eigene Realität an. Yoko und Sean waren überall. Bilder von Yoko mischten sich mit einem himmlisch blauen Meer, während Fischschwärme den Himmel verdunkelten. Seans Gesicht tauchte in jeder Wolke auf, und seine Stimme hallte in meinem Kopf wider: „Daddy, Daddy ..."

Meine Familie war mein größter Stolz. Was würde sie jetzt tun?

Tausend Antworten tauchten in den Facetten um mich herum auf. Einige zeigten Yoko und Sean in weiter Zukunft. Aber wenn auf der Erde seit meinem Tod nur kurze Zeit verstrichen war – was waren diese Bilder? Wo kamen sie her? Was bedeuteten sie? Welche waren echt?

Mutters Stimme gab die Antwort. „Ich kann nur einen kurzen Augenblick zu dir durchkommen, John: aber dies alles sind mögliche Antworten auf Fragen, die du auf der Erde gestellt hast. Ich war nicht da, als sie entstanden und wage daher nicht, sie zu erklären. Aber eins kann ich dir sagen: Selbst die Fragen, die sich auf die Zukunft zu beziehen scheinen, wurden von dir in der Vergangenheit geschaffen und als Erinnerungen aufbewahrt. Einige werden sich vielleicht klären, die meisten nicht.

Mach dir keine Sorgen! Wenn du diesen Tempel verläßt, werden sie verschwunden sein."

Die Musik wurde lauter, Erinnerungen durchströmten mich. Jedes Lied, das ich geschrieben habe, wurde in diese Musik verwoben: Worte, die ich gesprochen hatte, Worte, die ich hatte sprechen wollen, Worte, die ich nie hatte sagen wollen, und Worte, die ich nie hätte sagen sollen.

Worte. Ein Leben aus Worten ... und viel, viel mehr. Sie alle gingen mir durch den Kopf und spiegelten sich in den Facetten des Kristalls wider. Dann wurden sie vom Diamanten aufgenommen, und jedes von ihnen bildete ein kompliziertes vielfarbiges Muster. Irgendwie schienen sie gesammelt und aufgezeichnet zu werden.

Von diesen Bildern befreit, durchbrach mein Geist die Schranken, die ich auf der Erde errichtet hatte. Mein Körper wurde mit einem gewaltigen Lichtblitz gezündet, und ich weitete mich mit unglaublicher Geschwindigkeit aus – innerhalb des Augenblicks eines Wimpernschlags Universen in mich aufnehmend. Millionen von Sternen mischten sich in mein sich ständig erweiterndes Bewußtsein.

Wie Lichtblitze zogen die Ereignisse meines Lebens an mir vorbei, aber mit keinem war ich mehr verbunden. So sehr ich auch meinte, es sein zu müssen, und so sehr ich es auch versuchte, ich hatte die Verbindung verloren.

Ich war zu sehr mit meinem inneren Erlebnis beschäftigt, um das Wesen im Tempel zu bemerken. Jetzt enthüllte es seine kaum sichtbare Form. Seine Energie mischte sich so vollkommen mit den Facetten im Tempel, daß ich mich ungeheuer anstrengen mußte, um mit ihm Augenkontakt aufnehmen zu können.

Das Wesen sandte Blitze geballten goldenen Lichts aus. Ich fühlte mich geliebt – bedingungslos geliebt – weil ich der war, der ich war, und obwohl ich der war, der ich war.

Meine Freude wurde zum Wirbelwind, der mich schneller und schneller drehte, bis ich meinte, mein Körper würde auseinanderfliegen – dann schien ich wieder stillzustehen! In meinem Innern verspürte ich ein unglaubliches Gefühl von Bewegung und eine intensive Schwingung, aber nach außen hin blieb ich bewegungslos!

Jetzt hatte ich direkte Verbindung zu dem Wesen, und trotz der Intensität unserer Beziehung begann ich zu begreifen, was geschah. Die Atome in meinem irdischen Körper und ihre vielen subatomaren Teilchen hatten in den feinstofflichen Sphären Ebenbilder. Diese feinstofflichen Ergänzungen bildeten meinen neuen Lichtkörper. Aber er war immer noch mit der irdischen Schwingung verbunden und mußte befreit werden. Das geschah jetzt.

Mein ganzes Wesen summte vor Energie, die mich durchströmte. Völlig eins mit diesem Licht, verschmolz meine Seele mit der göttlichen Liebe.

* * *

„Von nun an wird das Leben für dich viel leichter sein."

Ich war wieder im Tal und wurde von Mutter empfangen. Plötzlich entdeckte ich ein dünnes Band aus Gold, das ihren Körper umgab. Ich schaute auf meine Hände und fand dort dieselbe Energie.

„Dieses goldene Licht war von Anbeginn in deiner Seele, John. Es ist deine direkte Verbindung zu Gott.

Wenn der physische Körper stirbt, flackert die Aura in unglaublich prächtigen Farben. Im Augenblick deines Todes umgab ich deine Aura mit dem goldenen Licht meiner Seele. Dann stabilisierten sich deine Energien und verschmolzen zu deiner jetzigen Form. Die Heilung im Wasserfall der Farben hat dich bereitgemacht für die direkte göttliche Eingebung.

Vor deinen Augen entstanden dann die Tempel, als Offenbarung Gottes.

Es ist wichtig zu wissen, daß jeder Verstorbene diese Ereignisse anders erfährt. Dein Erlebnis in jeder Phase ist einzigartig – und das gilt für jeden anderen auch. Selbst die Reihenfolge der Tempel wird den inneren Realitäten eines jeden Individuums angepaßt.

Aber du hast nur die Oberfläche dieser Realitäten berührt; die volle Tiefe deines Seins liegt noch außerhalb dessen, was dein Verstand zu fassen vermag.

Jetzt wirst du verstehen, warum ich nicht mit dir in den dritten Tempel gehen konnte. Um den Geist freigeben zu können, ist für jeden Menschen eine andere Frequenz notwendig. Das bedeutet: niemand kann diese Erfahrung mit einem anderen teilen.

Die Komplexität des menschlichen Geistes spiegelt sich vollkommen in den Facetten des Diamanten wider. Als das Wesen ,tönte', wurden die in deinem Gehirn gespeicherten Bilder auf das Muster im Innern des Tempels übertragen."

Das ergab einen Sinn. Ich konnte mir nicht vorstellen, diese Erfahrung **nicht** allein gemacht zu haben.

„Die Reinigung des Geistes erfolgt unter vielen verschiedenen Gesichtspunkten. Für die meisten Menschen geschieht sie im ,Tal des letzten Schlafes'. Du hast dieses Tal umgangen, deshalb wurde dieser Weg ausgesucht, um deinen Bedürfnissen zu entsprechen. Die Vollkommenheit der Fürsorge unseres Vaters ist unendlich."

* * *

Meine innere Bewegung hatte bei ihren Worten noch zugenommen, sie überwältigte mich beinahe.

Ich schaute mich im Tal um. Aus dem rhythmischen Zusammenspiel der Farben bildeten sich ständig Formen. Zwischen Bäumen vibrierender grüner Energie drehten sich mit unglaublicher Geschwindigkeit goldene Kugeln aus Licht. Die Blumen veränderten ununterbrochen ihr Äußeres und verströmten ihre Düfte in köstlichen vielfarbigen Mustern. Mit meinem erweiterten Bewußtsein sah ich jede Farbe in Tausenden von Schattierungen.

Energiewirbel aus wohlklingenden Tönen tanzten einen Reigen um das Tal, während wohlvertraute Gesichter durch meinen Kopf zogen – Gesichter von Menschen, die vor mir gestorben waren. Die meisten von ihnen sahen jünger aus, als ich sie in Erinnerung hatte, aber ich erkannte jeden wieder. Wie in einem Film sah ich meine Beziehung zu jedem einzelnen von ihnen, vom Anfang bis zum Ende. Jetzt sah ich meine Freunde, wie ich sie zu Lebzeiten nie gesehen hatte. Ich war erstaunt! Kannten sie mich etwa auch so gut, wie ich sie?

Da drang Julias Stimme in mein Bewußtsein. „Obwohl du sie noch nicht völlig wahrnehmen kannst, machen sich einige Menschen, die du geliebt hast, bereit, dich zu begrüßen. Sie erscheinen in Form dieser kleinen Energiewirbel.

Deine Freunde schwingen in Harmonie mit der göttlichen Energie und erweitern ständig ihr Bewußtsein, um ihr volles Potential auszuschöpfen. Hier ist die Einheit mit Gott nicht einfach nur eine Vorstellung; sie ist grundlegende Realität. Jede Seele ist aktiv damit beschäftigt, dieses Bewußtsein zu erweitern, und jede fühlt sich voll freudiger Lebendigkeit."

Wie anders als mein Leben auf der Erde! Ich erinnerte mich an meine vielen Schuldgefühle. Manchmal war es wirklich hart, liebevoll zu mir selbst oder zu anderen zu sein – und dennoch wollte ich es; damit hatte ich mich die meiste Zeit meines Lebens herumgeschlagen.

Mutter las meine Gedanken. „Wahrer Frieden beginnt, wenn du dich selbst liebst. Wenn du das den Menschen auf der Erde mitteilst, wirst du ihnen helfen, sanfter und liebevoller zu sich selbst und zu anderen zu sein. Wenn deine Resonanz mit den feinstofflichen Bereichen größer geworden ist, wirst du alle, die hier leben, wahrnehmen und mit ihnen in Verbindung treten können. Zu einer bestimmten Gruppe Menschen hast du jedoch eine engere Beziehung, und mit diesen wirst du vor allem zu tun haben.

Die Aufgabe, für die du vorbereitet wirst, schließt viele Bereiche der Schöpfung ein, andere Gruppen von Seelen, ja, sogar den Schöpfer selbst.

Es wird eine Einmischung Gottes in die menschliche Entwicklung geben. In einem Land des Überflusses verhungern die Menschen und brauchen verzweifelt göttliche Nahrung. Sie sind im Materiellen erstarrt und leugnen ihr spirituelles Erbe. Wir müssen sie liebevoll an die Unendlichkeit der Schöpfung erinnern.

Millionen Menschen haben dich geliebt und tun es noch immer. Du bist aus dem Kreis deiner Mitarbeiter ausgewählt worden, weil du die stärkste Verbindung zur Menschheit hast. Dennoch liegt die Entscheidung bei dir. Nie wird das heilige Geschenk des freien Willens zurückgefordert."

Ein Leben lang war es mein Traum gewesen, der Menschheit dabei zu helfen, eine friedliche, liebende Familie zu werden. Konnte dieser Traum wahr werden?

* * *

Die kleinen Energiewirbel sammelten sich um uns und begannen, intensiv zu schwingen. Während die Gesichter erneut blitzartig an meinen Augen vorbeizogen, füllte sich mein Kopf mit Gesprächsfetzen und Erlebnissen, die ich mit diesen Menschen auf der Erde geteilt hatte. Worte und Gesichter verschmolzen zu einem himmlischen Chor: ,Willkommen zu Hause! Wir lieben dich!'

Ein eigenartiges Gefühl durchflutete mich und veränderte meine Form auf geheimnisvolle Weise. Ich zuckte zusammen, als ein lauter Ton durch das Tal klang. Er kam aus meinem Innern! Meine Freude darüber, meine Freunde wiederzuerkennen – nicht verloren, nicht tot, sondern sehr lebendig – konnte ich einfach nicht zurückhalten. Als Ton war diese Freude aus mir herausgekommen!

„Die Musik, die du geschaffen hast, ist die Sprache der Seele", sagte Julia, leicht amüsiert. „Musik ist hier das natürliche Medium für die Kommunikation. Dieses Treffen mit deinen alten Freunden hat dir großes Glück gebracht, deshalb war deine Reaktion Freude.

Viele von ihnen leben auf anderen Ebenen. Du wirst noch erfreuter sein, wenn du sie in ihrer jetzigen Realität kennenlernst. Im Moment würdest du die Frequenz, auf der sie schwingen, noch nicht ertragen. Deine Energie wird jedoch verändert, so daß du schließlich mit jedem Aspekt der Schöpfung Verbindung aufnehmen kannst.

Nachdem du alle acht Phasen des Tempels erlebt hast, werden dich die Begrenztheiten der physischen Welt nicht mehr hemmen. Dann bist du wirklich frei.

Jeder hier hat, wenn er will, unbeschränkt Zugang zum Wissen der physischen Welten", sagte Mutter. „Viele nehmen diese Möglichkeit nicht wahr. Sie werden für die Schwingungen so sensitiv, daß sie es vermeiden, eine Wechselbeziehung mit Energien wie der jetzigen Disharmonie auf der Erde einzugehen. Die wenigsten von uns lassen sich auf diese Energien ein, nicht einmal als mentale Bilder."

„Woher wissen meine Freunde dann, daß ich hier bin? Wußten sie von meinem Tod?"

„Nein. Man hatte mich gebeten zu warten und aufzupassen, und ich stand sogar neben dir, als du erschossen wurdest. Es war nicht notwendig, ein anderes Wesen an diesem Erlebnis teilhaben zu lassen. Gott hat mir die Kraft gegeben, den Schmerz zu ertragen.

Auch ich habe viel aus dieser Erfahrung gelernt. Beinahe unverzüglich konnte ich deinen physischen Körper versiegeln, und ich war dabei, als sich dein Astralkörper, von wundervollem Glanz umgeben, löste.

Durch das, was im dritten Tempel geschehen ist, wußten deine Freunde, daß du hier bist. Die Bilder, die du in den Diamanten geschickt hast, wurden in reine Energie umgewandelt, die dann in diese Sphären ausstrahlte."

‚Aha – Geheimnisse gilt es hier also nicht', grübelte ich.

Ich wunderte mich über meine Erlebnisse im dritten Tempel.

„Wurden meine Erinnerungen transformiert, als sich ihre Bilder in die farbigen Muster verwandelten?"

„Zum Teil", antwortete sie. „Die Information wurde weitergegeben, als sich die Farbcodes bildeten. Aber, was noch viel wichtiger ist: deine gesamte irdische Erfahrung ist in der Akasha-Chronik aufgezeichnet, die auch als ‚Gedächtnis Gottes' oder ‚Buch des Lebens' bekannt ist. Alles, was in den materiellen Bereichen geschieht, wird dort für alle Zeit festgehalten.

Jedes Atom der Materie besteht in seinem Urzustand aus Geist. Wenn es den reinen Geist verläßt, um in den physischen Welten eine dichtere Form anzunehmen, wird seine ‚Mission' in der Akasha-Chronik aufgezeichnet. Wenn es zurückkehrt, sind alle Erfahrungen dort eingetragen.

Der Vergleich zwischen den ursprünglichen Zielen und dem tatsächlich Erreichten erfolgt an dem Tag, den viele auf der Erde als ‚Tag des Jüngsten Gerichts' bezeichnen. Es ist aber nicht das, was die meisten darunter verstehen. Die gängigen Vorstellungen vom Jüngsten Gericht werden vor allem von Furcht bestimmt. Aber es ist kein Gericht Gottes, dem eine Strafe oder eine Belohnung folgt. Es ist eine Zeit der Bestandsaufnahme.

Gedanken und die schöpferischen Energien, aus denen mentale Bilder entstehen, sind in der Natur stark magnetisch. Jeder Gedanke, der in den feinstofflichen Bereichen entstanden ist, führt unverzüglich zur Verwirklichung."

‚Dasselbe geschieht auf der Erde, nur langsamer', dachte ich.

„Erst wenn die Gedankenbilder völlig freigegeben sind, kann eine Seele ewigen Frieden erfahren. Als du deine mentalen Bilder in die schöpferische Substanz des dritten Tempels übertragen hast, hast du auch die magnetische Anziehung zwischen ihnen und dir gelöst.

Die Bruchstücke unserer Persönlichkeit, die auf der Erde in ständigem Konflikt miteinander gelegen haben, werden zu einem einzigen liebenden Ganzen gebündelt. Wir werden buchstäblich wiedergeboren und in eine völlig neue Realität getragen – eine Realität, die unsere volle Aufmerksamkeit beansprucht. Daher müssen wir die alte loslassen, um die neue aufnehmen zu können.

Als du aus dem dritten Tempel aufgetaucht bist, lebten deine Erinnerungen nicht mehr in deinem Geist; zerstört waren sie allerdings nicht. Du kannst zu jeder Zeit jeden Teil deiner Erinnerung wieder abrufen. Es ist ganz einfach: Du brauchst nur eine gedankliche Verbindung zu ihnen herzustellen. Nichts geht verloren ... alles bleibt erhalten.

Denk daran, das ist nur der Beginn; es gibt für dich noch viel mehr zu entdecken.

Zeit wird hier so verändert, daß sie mit dem Begriff der Zeit, wie wir ihn von der Erde kennen, kaum etwas zu tun hat. Jeder Seele wird die Zeit zugestanden, die sie braucht, um von den physischen in die feinstofflichen Bereiche überzugehen.

Aber da du als Vermittler zur Erde ausgewählt worden bist, wird alles getan, deine Anpassung zu beschleunigen. Das Timing ist entscheidend, John. Seit Beginn des Atomzeitalters hängt ein Damoklesschwert über dem Schicksal der Erde."

Ich warf einen letzten Blick auf das Tal und erquickte mich an seinen Düften. Als ich bereit war, deutete Julia auf einen kleinen Hügel. Jenseits dieses Hügels waren die Farben weniger intensiv ... in der Luft lag ein blasser Glanz.

„Im nächsten Tal werden wir ein heiliges Tor durchschreiten. Niemand, der noch eine Verbindung zu den grobstofflicheren Welten hat, darf es betreten.

Die ersten drei Täler haben noch Bezug zur physischen Existenz. Im vierten Tal jedoch wird sich die feinstoffliche Sphäre in all ihrer Vollkommenheit entfalten. Dort hat die Form nichts mehr zu suchen ... wir betreten die Sphäre des reinen Geistes."

* * *

Wir schlossen die Augen und waren sofort dort. Ich spürte, wie sich mein inneres Schwingungsniveau erhöhte und empfand gleichzeitig eine außerordentliche Energie – aber nichts hätte mich auf die nächste Szene vorbereiten können.

„Sind das Engel?" fragte ich. Vor uns hatten sich drei Wesen materialisiert. Ihre Formen ähnelten der meinigen, aber mit einem großen Unterschied – aus ihren Schultern floß ein Strom pulsierender Energie und kehrte dann in ihre Körper zurück, und so entstand die Vorstellung, die Wesen hätten Flügel.

„Ja, John. Aufgrund ihrer direkten Affinität zu Gott erscheinen uns die Engel als Seine prachtvollsten Schöpfungen. Sie sind Kanäle für göttliche Nahrung – Bindeglied zwischen Gott und den physischen Welten – wo man sie oft als Gottheiten verehrt.

Der Begriff ‚Engel' hat auf der Erde zu vielen Mißverständnissen geführt. Wenn Menschen sterben und zu den feinstofflichen Sphären zurückkehren, werden sie ähnlich wie Engel – vom Wesen her, aber ein Mensch kann nie in einen Engel verwandelt werden. Engel haben im göttlichen Plan eine völlig andere Funktion und ganz andere Aufgaben.

Diese drei hier sind die Hüter des Tores."

Lichtdurchlässige Energiewellen gingen von den Engeln aus, in der Art, wie die flimmernde Hitze an einem heißen Sommertag vom Asphalt der Straße aufsteigt. Glänzende Ströme von Licht traten aus ihren Händen heraus, mit winzigen Partikeln in den Farben des Regenbogens verwoben. Weit über unseren Köpfen bildeten diese Strahlen eine Pyramide. Als sich die Spitze verdichtete, schwirrten die Partikel in der Pyramide herum und zauberten wunderschöne vielfarbige Muster.

Aus diesem Glanz löste sich eine sanfte, friedliche Melodie und legte sich wie Balsam auf meine Seele. Ein schmales Goldband umgab jeden Partikel, wurde größer und heller, bis ein Dreieck entstand.

„Jetzt ist der Weg frei", sagte Mutter.

Spiralförmige Energiewellen durchdrangen mich, und während mich der Sog der Regenbogenpartikel mitriß, fühlte ich, wie ich leichter und leichter wurde. Die Lautstärke der Musik nahm zu, und ich hatte das Gefühl, mein Ätherkörper würde sich weit über seine normale Größe ausdehnen. Dann erreichte die Musik ihren Höhepunkt, ebbte langsam ab und ließ mich friedlich und heiter zurück.

Wir hatten das Tor durchschritten.

Als ich zurücksah, waren die Engel verschwunden.

„Für dieses Mal ist ihre Aufgabe erfüllt", sagte Julia, „aber du wirst sie wiedersehen."

Ich brauchte eine Weile, um zu begreifen, was geschehen war.

„Hier, im vierten Tal, wirst du die schöpferischen Energien, die dir zur Verfügung stehen, in vollem Umfang begreifen.

Wie ich dir gesagt habe, werden auf der feinstofflichen Ebene Gedanken unverzüglich verwirklicht. Das liegt zum Teil an der magnetischen Eigenschaft der feinstofflichen Substanz, die hochgradig auf Gedankenenergie reagiert.

In den physischen Welten ist alles Gedankenform, bevor es zur Materie wird. Das vierte Tal wirkt wie ein elektrischer Transformator, indem es das Schwingungsniveau der Energie von der feinstofflichen auf die grobstoffliche Ebene senkt. Hier werden die Energiepartikel verdichtet und gebündelt, also für die Schöpfung physischer Materie aufbereitet.

Wenn die Materie in den feinstofflichen Zustand zurückkehrt, geschieht das Umgekehrte – der Transformator erhöht das Schwingungsniveau von den physischen Frequenzen auf die feinstofflichen.

Dieses Tal bleibt immer in einem nicht-stabilen Zustand reiner Energie. Seine Kräfte sind so stark, daß sie jede grobstoffliche physische Materie, die mit ihnen in Kontakt käme, vernichten würden. Daher gibt es keinen geheimen Eingang und somit keine Möglichkeit für einen zufälligen Kontakt."

* * *

Das vierte Tal war wirklich anders als die vorherigen. Farben in unglaublicher Fülle wirbelten rhythmisch durcheinander und verschmolzen zu einer Einheit – dennoch gab es nirgendwo eine feste Form. Verschwommene Muster verschwanden so schnell, wie sie sich gebildet hatten. Ich fragte mich, was es mit diesen Farbformen und ihren physischen Gegenparts auf der Erde auf sich hätte, als Mutter meine Gedanken beantwortete.

„Was du hier siehst, ist die Lebenskraft in ihrem freien und natürlichen Zustand, die in ihrer eigenen inneren Frequenz schwingt. Die Energie wird nicht länger in den hemmenden Fesseln der Materie gehalten, die den Schwingungsbedürfnissen der materiellen Welten entsprechen. Sie kehrt voll Freude zu ihrem wahren Ursprung zurück.

Im vierten Tempel wirst du zu deiner ursprünglichen Essenz, deinem wahren Ursprung, zurückkehren."

Als der Tempel auftauchte, erschien mir seine Energie noch reiner. Seine Form war in dem strahlenden Glanz fast nicht zu erkennen – doch dann bemerkte ich, daß sie schnell zwischen sichtbar und unsichtbar hin- und herschwankte.

Mutter nahm meine Hände und lächelte. „Du mußt allein hineingehen, John. Jeder von uns muß die Wahrheit über sich selbst allein erfahren. Ich werde hier auf dich warten."

In mir stieg ein tiefes Gefühl der Liebe auf – ein Geschenk meiner Mutter.

Wunderschöne Melodien erfüllten die Luft – wie Töne, die ein Meisterspieler den Saiten der feinsten Harfe der Schöpfung entlockte. Meine Seele antwortete mit Wellen freudiger Erregung, die mich zum Eingang trugen.

Kein einziger Ton kam aus dem Tempel ... dann war ich in seinem Inneren.

Erneut hatte ich das Gefühl, mitten in der Sonne zu stehen. Vielfarbige Energiewellen wurden zu wirbelndem Wind und trugen mich durch komplexe Lichtmuster. Ich überließ mich dem Strom und wurde schneller und schneller ...

Plötzlich gab es einen blendenden Blitz, und ich wurde durch ein noch größeres Muster gedreht. Es war das Muster der Schöpfung selbst!

In dem Moment, als ich eins mit der Schöpfung war, mischte sich das Muster zu einem musikalischen Akkord, der die tiefsten Tiefen meiner Seele berührte. In das Glück dieser Verschmelzung mit dem Kosmos eingehüllt wie in einem Mantel, fühlte ich mit jeder Faser meines Bewußtseins die Gegenwart Gottes.

Als das Muster verblaßte, war ich bei einem Wesen, das aus schimmernden Lichtwellen zu bestehen schien. Aus seiner Mitte flackerte Licht und zündete in mir den Funken unendlicher Liebe. Energiewellen strömten so schnell durch mich hindurch, daß ich beinahe das Bewußtsein verlor.

Dann löste sich aus meinem Herzen ein Lichtstrahl und mischte sich mit dem Licht dieses Wesens. In diesem Augenblick wurden wir eins.

Der pulsierende Strahl erfüllte das Innere mit himmlischer Musik – Musik, die mich so in ihren Bann zog, daß ich nicht einmal das Verschwinden des Tempels bemerkte.

Ich versuchte, Julia meine Empfindungen zu beschreiben – aber erst ganz langsam begriff ich selbst, was geschehen war.

„Dein Erlebnis im vierten Tempel war Balsam für dein Herz und deine Seele, auch wenn du immer noch nicht alles begreifen kannst. Stimm dich auf deine inneren Realitäten ein, und du wirst wissen, was ich meine."

Sie hatte recht. Die Energie, die mein Herz ausstrahlte, glättete mein ganzes Wesen. Ich war erfüllt von einem tiefen Gefühl des Friedens – endlich.

* * *

„Wisse, daß du Gott bist, und daß du aus Gott zum Menschen geworden bist. Schließlich wirst du zu deinem Ursprung zurückkehren. Sieh Gott nicht als Wesen an, das von dir getrennt ist. Gott ist in dir."

Sathya Sai Baba

3

Erleuchtung:
Die Reise des Erwachens

„Da die Konflikte deiner dualen Natur inzwischen ausgeglichen sind", sagte Mutter, „muß die feinstoffliche Substanz deiner neuen Form gereinigt und mit deinem inneren Wesen in Einklang gebracht werden. Dazu dient der fünfte Aspekt des Tempels. Dort wirst du den Hüter der Flamme erleben."

„Den Hüter der Flamme? Welche Flamme?"

„Die Heilige Flamme. Sie ist die Stabilisierung der Ur-Essenz der Schöpfung", sagte sie.

„Ihre Kraft wird deine Anpassung vervollkommnen, und du wirst für die Wunder, die vor dir liegen, bereit werden.

Im fünften Tal laufen die Ereignisse sehr schnell ab. Wenn es mir nicht gelingt, mich dir völlig verständlich zu machen, oder wenn du nicht alles verstehst, was passiert, habe Geduld. Wisse, unser Vater ist bei uns. Alles ist in göttlicher Ordnung."

Die Ehrfurcht in ihrer Stimme verstärkte mein Gefühl der Scheu und Verwunderung. Ich dachte immer noch an das, was im vierten Tempel geschehen war. Die Dinge hatten sich dort sehr schnell entwickelt – würden sich die Ereignisse jetzt überstürzen?

„Die Wesenheiten, die dir bei deiner Verbindung mit der Erde helfen werden, versammeln sich jetzt in der Großen Halle. Es ist wichtig, daß du sie als Gleichberechtigter triffst."

„Was bedeutet ‚Große Halle'?" fragte ich. „Ist sie im fünften Tal?"

„Die Große Halle ist eine der großartigsten Schöpfungen sämtlicher feinstofflicher Bereiche", sagte sie. „Ich kann es wirklich nicht beschreiben; du mußt es selbst erfahren. Aber zuerst müssen deine sieben Energiezentren dem fünften Tempel angepaßt werden."

„Die Heilige Flamme ist eine direkte Manifestation der Liebe Gottes. In ihrer allumfassenden Einheit werden deine inneren Konflikte gelöst, und das volle Spektrum deiner Energien wird sich zu einem strahlenden Juwel vereinen.

Auch dieses Mal mußt du allein gehen. Übergib deine Ängste, deine Zweifel und deinen Schmerz der Heiligen Flamme. Übergib ihr all deine Wunden, selbst wenn du glaubst, sie würden nicht länger existieren. Laß alle Begrenzungen los und öffne deine Seele dem heilenden Balsam der Liebe des Vaters. Nichts in der gesamten Schöpfung wird dich so stärken."

Der Gedanke, durch ein Feuer gehen zu müssen, machte mich ein wenig nervös. Aber Mutter strahlte so viel Ruhe und Zuversicht aus ... Ich brauchte mich nur zu entspannen. Sie konnte selbst den Schmerz in meinem tiefsten Inneren sehen, von dem ich nicht gewußt hatte, daß er existierte.

„Die Erfahrungen des Menschen sind für seine Seele oft hart", fuhr sie fort. „Aber das liegt an den Bewohnern der physischen Welten selbst: Sie lassen es nicht zu, daß die heilende Nahrung der Liebe Gottes tief in ihre Herzen dringt. Wenn dein Herz die Liebe voll und ganz aufnimmt, beginnt es, sich zu öffnen und das Wasser des Lebens zu trinken. Das meinte Jesus, als er zu der Frau am Brunnen sprach. Wenn du die Liebe Gottes voll und ganz in dich aufnimmst, wird dein Schmerz endgültig verschwinden.

Laß uns weitermachen. Das göttliche Feuer wird jeden dunklen Raum in dir erhellen."

Diese Worte trafen mich im Innersten ... sie bereiteten mich auf das vor, was vor mir lag.

* * *

Langsam füllte ein netzähnliches Muster scharlachroter Energien das Tal, das in rhythmischen Intervallen an Brillanz zunahm. Als ich mich den Energiewellen, die mich durchströmten, hingab, schwamm ich als Teil des pulsierenden Stroms durch das Tal.

Ich sah Julia an. Alles schien stillzustehen – aber als ich wieder auf das Tal blickte, meinte ich, der Ewigkeit ins Antlitz zu schauen!

Blitze schossen über den Himmel. Die Luft knisterte, als Galaxien direkt vor meinen Augen vorbeirasten. Tausende strahlender Sonnen flackerten in einer einzigen gewaltigen Flamme, die sich bis weit über mein Bewußtsein hinaus ausdehnte. Ich hatte einen Blick auf die Realität der schöpferischen Kraft Gottes erhascht!

Julias süße Stimme brachte mich zurück. „Das fünfte Tal ist, wie das vierte, reine Energie, John. Der einzige Unterschied ist die Heilige Flamme. Es gibt keinen Teil der Schöpfung, nicht einmal in seinem subatomaren Zustand, der nicht einen Funken dieses ewigen Feuers enthält. Das göttliche Licht erhellt wahrhaftig alles.

In diesem Tal wirst du viel von den Vorstellungen, die du als Mensch hattest, hinter dir lassen und beginnen, die Schöpfung in gänzlich anderer Weise zu begreifen."

Sie zwinkerte mir zu und lächelte in der mütterlichen Art, die mir so vertraut war. „Selbst mit all deinem neu erworbenen Wissen und Verständnis mußt du noch eine Menge lernen, mein Lieber.

Im fünften Tempel wirst du darauf vorbereitet, Gott zu schauen."

* * *

Plötzlich tauchten um uns winzige Kügelchen rubinroten Lichts auf und verwandelten sich in Töne, die, als sich der Glanz des Tales verstärkte, an Lautstärke zunahmen. Dann ballten sie sich zusammen und wurden in einem Aufflammen strahlender Energie zu einer einzigen Form – dem fünften Aspekt des Tempels.

„Wenn du von diesem Tempel zurückkehrst, wirst du in vieler Hinsicht nicht mehr mein Sohn sein", sagte Mutter sanft. „Dann wirst du verstehen, daß wir beide gleichermaßen Kinder unserer göttlichen Mutter oder unseres göttlichen Vaters sind. Ich liebe dich."

„Mutter, geh nicht weg! Ich habe dich doch erst wiedergefunden!" Ich war verzweifelt.

„Mein Liebes, keine Kraft der Schöpfung könnte uns jetzt noch trennen. Wir sind vereint weit über die Rollen von Mutter und Sohn hinaus. Meine Liebe für dich wird nie vergehen. Sie begleitet dich jetzt und in alle Ewigkeit. Ich liebe dich, John."

Ich hielt sie fest umschlungen und flüsterte: „Ich liebe dich auch, Mutter. Ich werde dich immer lieben."

Nicht wissend, was mich als nächstes erwartete, wünschte ich mich zum Eingang des Tempels.

Dieser Tempel ähnelte den anderen sehr, aber ich spürte eine andere Art von Energie, die aus dem Inneren herausstrahlte. Es gab kein Zurück. Ich schloß die Augen und ging hinein.

Wellen rubinroter Energie bewegten sich durch den Tempel und hüllten mich in ein netzähnliches Muster ein, von goldenen Lichtfäden durchwoben. Ein einziger Ton stieg aus den rubinfarbenen Kugeln empor und verwandelte sich augenblicklich zu einer dreifachen Variation. Dann teilte sich jede Kugel, indem sie sich immer schneller drehte, in drei kleinere, wurde mit dem Muster eins und verschwand aus meinem Blickfeld.

Als sich meine Schwingungen verstärkten, vernahm ich plötzlich ein Wirrwarr von Stimmen in den unterschiedlichsten Sprachen und Rhythmen, die ich nicht kannte. Aber als ich mich auf sie konzentrierte, begriff ich auf einmal ihre Bedeutung. Ich erfuhr Bruchstücke der meistgehüteten spirituellen Geheimnisse der Erde. Ein Schleier nach dem anderen hob sich von meinem Bewußtsein, und Wahrheiten, die sich in den langen Jahren der Suche meinem Verständnis entzogen hatten, offenbarten sich mir.

Plötzlich war der Tempel von pulsierendem Licht erfüllt, so strahlend hell, daß ich die Augen schließen mußte. Mit jedem Blitz änderten sich die Farben von Rot in vibrierendes Rosa. Dann erzitterte das netzartige Muster, und die Energie gipfelte in einer riesigen Woge.

Vor mir stand ein gewaltiges feuriges Wesen! Als die Blitze im Inneren nachließen, konnte ich das volle Spektrum von Regenbogenfarben wahrnehmen, die seine Form durchglühten.

Züge konnte ich nicht erkennen, aber von seiner mächtigen Energie gebannt, fühlte ich mich wie ein Objekt unter einem Mikroskop. Dann wurde dieses ,Etwas' durch eine Metamorphose, die ich nicht verstand, zu einer gigantischen Flamme von unbeschreiblicher Schönheit.

Strahlende Energiewellen aussendend, verbreitete sich die Flamme, bis ich von ihrem Glanz aufgenommen war. Nach und nach tauchten verschiedene Farben auf und führten in meinen Energiezentren zu dramatischen Veränderungen. Als sich Bilder und Energien in einem untrennbaren Ganzen mischten, wurde mein Geist vom Feuer einer Million von Sonnen in Brand gesetzt. Selbst die Substanz meines feinstofflichen Körpers wurde verändert und gereinigt.

Aug' in Auge stand ich der Schöpfung gegenüber ... frei von allen geistigen Schranken, erfüllt von ekstatischer Freude.

Schließlich blieb nur die Flamme übrig, rein und klar, ohne die Spur irgendeiner Farbe. Dann verschwand auch sie allmählich – zurück blieb nur die Erinnerung.

Der Tempel war verschwunden. Mutter stand wieder neben mir. Als ich meine Erlebnisse herausprudelte, war ich über mein neues Mitteilungsvermögen überrascht.

„Deine Fähigkeit, mit der gesamten Schöpfung zu kommunizieren", wird weiter wachsen", sagte sie. „Als Kind Gottes geschaffen – nach seinem Bilde – ist jeder von uns ein Spiegelbild all dessen, was Er ist."

* * *

„Wir wollen unsere Reise fortsetzen, John, wir werden in der Großen Halle erwartet. Bleib in meiner Nähe, ich werde dich führen."

In dem Augenblick, den ich brauchte, um dorthin zu gelangen, gingen mir seltsame Bilder durch den Kopf – aber sie bewegten sich so schnell, daß ich die meisten von ihnen nicht erkannte.

Wir waren jetzt in einer Umgebung, die mit der Erde mehr Ähnlichkeit hatte. Ein wunderschöner Garten umgab die Halle, aber ich würdigte ihn kaum eines Blicks – die Energie, die aus der Halle strömte, war so intensiv, daß ich mich auf nichts anderes konzentrieren konnte.

Sie schien aus Schichten vielfarbigen Lichts zu bestehen und dennoch etwas weniger dicht zu sein als die anderen feinstofflichen Strukturen, die ich bisher gesehen hatte. Weit hinten stiegen spiralförmige Energiewellen hoch.

„Das ist ein großes Privileg", sagte Julia. „Die Schönheit dieses heiligen Platzes ist wirklich Balsam für deine Seele. Sollen wir hineingehen, um in die Fülle der göttlichen Wahrheit einzutauchen?"

Bei dem Versuch, mich an dem wundervollen Glanz der Halle sattzusehen, trat ich einige Schritte zurück. Nach einer Weile drehte ich mich wieder zu Mutter um. „Ich bin fertig, laß uns hineingehen!"

Der Klang eines Engelschors drang durch den Äther. Vor uns in der Wand erschien eine Öffnung. Ich fühlte, wie ich mit mächtiger Energie gespeist wurde.

Allmählich bildete sich eine transparente goldene Kugel um uns und hüllte uns ein. Einen See schimmernder Energie durchschreitend, betraten wir die Große Halle.

„John, die Schwingungen dieser Sphäre werden den Wesen angepaßt, die uns erwarten – sie werden uns leiten.

Diese Halle ist ein Abbild der Schöpfung in ihrer Gesamtheit. Ihre wahre Größe liegt außerhalb unseres Begreifens, denn sie mischt sich mit Sphären, wo der Begriff ‚Raum‘, wie wir ihn gekannt haben, nicht existiert. In dieser Schatzkammer könnten wir für ewig bleiben und glücklich sein, aber wir werden nur den Teil aufsuchen, in dem unser Treffen stattfindet."

Die Kugel drehte sich immer langsamer, die schwirrenden Farben wurden klarer und enthüllten einen riesigen Raum, der mit Büchern und Schriftrollen jeder vorstellbaren Größe und Farbe angefüllt war.

„Diese Bände enthalten die Weisheit aller Zeiten", sagte Julia. „Jedes menschliche Geschlecht, das je in einer der manifesten Welten existiert hat, und alles Wissen, das der menschliche Geist je gefunden hat, wird hier festgehalten.

Alle Begründer der großen Religionen haben diesen Raum besucht. Einige kamen bewußt, bei anderen geschah dies mehr symbolisch. Die Wirkung war immer dieselbe – sie erkannten die Göttlichkeit der Menschheit und versuchten, diese Wahrheit den Menschen zu enthüllen – jeder auf seine Weise, der Zeit, in der er lebte, und seinem persönlichen Verständnis, entsprechend.

Wer aus Eigennutz kommt, dem wird der Zutritt verwehrt. Nur wer sich seiner Einheit mit der Schöpfung bewußt ist, darf die Große Halle betreten."

„Das klingt ganz einfach", sagte ich.

„Aber für viele ist es das Schwierigste, dem sie je begegnet sind", antwortete sie. **„Die meisten, die in den endlichen Welten leben, sind sich ihrer Einheit mit Gott nicht bewußt. Daß sie einen Körper haben, wissen sie, aber die Existenz ihrer Seele liegt meist außerhalb ihrer Begriffswelt.**

Die Seele ist ewig. Sie ist die Offenbarung Gottes in unserer persönlichen Realität. Seelen leben in ständiger Vereinigung mit Gott, sie sind lebender Ausdruck seines Geistes. Die

Trennung, die sich die Menschheit vorgestellt hat, existiert in Wahrheit nicht.

Laß uns weitergehen! Viele von denen, die auf uns warten, haben ihre Leben auf der Erde dazu verwandt, Gott und der Menschheit zu dienen. Einige wirst du wiedererkennen, die meisten jedoch stammen aus anderen Zeitepochen.

Die Erde hat ein Heim für viele Menschengeschlechter geschaffen, von denen die meisten den heutigen Menschen unbekannt sind. Aber von den offensichtlichen Unterschieden abgesehen – in der Liebe des Schöpfers sind wir alle eins."

* * *

Als der Ton des Chores zurückkehrte, verstärkten sich die Schwingungen um unsere Kugel, und erneut durchschritten wir den glitzernden See der Energie. Ich wußte, bald würden wir unser Ziel erreichen – einen heiligen Ort, tief im Innern der Großen Halle.

In einer Explosion aus Farben betraten wir das Innere. Unsere Kugel begann sich schneller zu drehen und blieb plötzlich stehen, während sich ihre Wände in einem Blitz violetten Lichts auflösten.

Ich war überwältigt von der unglaublichen Schönheit um uns herum. Jetzt verstand ich, welcher Geist die Schöpfung der großen Kathedralen auf der Erde inspiriert hatte. Mum schien genau so überrascht wie ich zu sein.

„Weißt du, wo wir sind?" fragte ich.

„Das ist das Heiligtum der Engel. Ich weiß nicht viel darüber, aber ich habe gehört, daß die Engel nach hier kommen, wenn sie mit den höchsten Aspekten des Gottesdienstes beschäftigt sind. Man hat dich nach hier gerufen, weil die Aufgabe, für die du auserwählt worden bist, der Menschheit einen großen Dienst leisten wird."

Wir standen auf einem Boden, unter dem sich Farben ständig veränderten und miteinander vermischten. Weit hinten – ich ahnte es mehr, als daß ich es sehen konnte – bildeten sich Säulen aus Energie und schienen in großen Bögen hoch über unseren Köpfen zu verschwinden. Die Harmonien des Chors füllten das Heiligtum, durchdrangen die Säulen mit Energie und verstärkten ihre Farben.

Langsam wurden wir von einem goldenen Nebel eingehüllt.

„Viele, die zu diesem Treffen gekommen sind, haben vor langer Zeit ihre feinstoffliche Form abgelegt. Als Vorbereitung auf diese Begegnung haben sie sich kurzfristig in feinstoffliche Substanz gehüllt, um mit dir Verbindung aufnehmen und sich dir besser mitteilen zu können."

Während sie sprach, hatte sich der Nebel in viele hundert einzelne Formen aufgelöst, die meisten von ihnen etwa so groß wie ich. Sie nahmen immer mehr an Dichte zu, bis ich durch keine von ihnen mehr hindurchsehen konnte. Dann tauchte ein Gesicht nach dem anderen auf, wie von der Meisterhand eines Bildhauers gemeißelt. Einige erkannte ich, die meisten jedoch nicht.

„Diese Wesenheiten können der Erde die besondere Nahrung und Führung geben, die sie jetzt braucht", erklärte Mutter.

„Einige sind hier in Vertretung anderer Welten, aber die meisten von ihnen haben dieselbe Schwingung wie die Erde. Der Vater hat für diese Aufgabe genau die richtigen Energien gesammelt, einschließlich der deinigen, mein Lieber. Sie werden sich selbst vorstellen und dir etwas zu ihrer Arbeit sagen."

Als wir zwischen ihnen hin- und hergingen, erfüllten mich Scheu und Ehrfurcht. Durch jede dieser Seelen sprach der Schöpfer. Obwohl ich mitten unter Wesen heiliger Reinheit und Weisheit stand, fühlte ich mich dennoch irgendwie dazugehörig. Allmählich wurde mir die Bedeutung dieser Zusammenkunft klar – unsere gemeinsame Aufgabe würde Auswirkung auf die gesamte Menschheit haben.

Die Wesen mischten ihre Schwingungen mit den unsrigen, ein Meer aus Energie entstand. Nicht länger durch verschiedene Formen getrennt, teilten wir die Tiefen unserer Seelen und wurden völlig eins. Die Strahlung dieser Vereinigung ließ keine sichtbare Form zurück – ich spürte eine Ekstase, die größer war, als Worte sie beschreiben können.

Dann tönte aus dem Nebel eine Stimme: „Im Licht sind wir eins."

Die Stimme hatte eine unglaublich erfrischende Reinheit. Nichts, was ich je gehört hatte, ähnelte ihr. Die Essenz der Liebe in ihren Worten hüllte meine Seele ein, und ich fühlte mich wie aus tiefem Schlaf erwacht. Mir schien, als würde ich hier immer erwachen.

„Ich grüße dich im Namen des Schöpfers, oh du liebstes Kind des Lichts. Ich freue mich, daß du Teil dieser Offenbarung der Liebe Gottes bist. Die Menschheit muß begreifen lernen, daß Gott Liebe ist. Liebe ist die Quelle der gesamten Schöpfung – des ganzen Lebens.

Gott ist das lebendige Glied, das uns zu einem Wesen zusammenschweißt. In dieser Einheit gibt es keine Trennung, keinen Verlust, keinen Tod – nur Liebe und ewiges Leben.

Jeder Teil der Schöpfung befindet sich in der Phase der Vorbereitung, aber unsere gemeinsame Aufgabe ist es, die Erde auf das einzustimmen, was geschehen wird. Das hat deine Mutter damit gemeint, als sie von der ‚göttlichen Intervention in die Geschicke der Menschen' sprach. Die Menschen müssen auf das Geschenk, das der Schöpfer für sie bereithält, vorbereitet werden.

In Zeiten großer Not hat die göttliche Kraft immer in die Geschicke der Menschheit eingegriffen; und so geschieht es auch jetzt. **Der Schöpfer wird nicht zulassen, daß die Erde untergeht, denn jene Welt hat ihre wahre Aufgabe, für die sie geschaffen wurde, noch nicht erfüllt.**"

Selbst als der Ton ihrer Worte verklungen war, blieb der Schmelz der Stimme zurück.

„John, hör gut zu", sagte Mutter. „Dieses Wesen hat vielen Seelen Rat gegeben und viele Geister erleuchtet. Es ist in vollem Einklang mit den ‚Fließenden Wassern' – in völliger Harmonie mit den sanften Schwingungen der Liebe Gottes. Dieses Wesen ist der Mittelpunkt unserer Versammlung.

Bald wirst du zu dem vereinten Bewußtsein zurückkehren, das du früher erfahren hast, um dich weiter auf deine Kommunikation mit der Erde vorzubereiten. Selbst jetzt registrierst du alle diese Ereignisse für die Menschheit.

Um die Botschaft zur Erde übermitteln zu können, mußtest du während der ganzen Zeit deiner Übergangsphase unbedingt die Klarheit deines Bewußtseins behalten. Darum hast du viele der Erlebnisse, die für die Phase des Übergangs normal sind, ausgelassen. Diese deine Klarheit ist für unsere Pläne von äußerster Wichtigkeit.

Einige Aspekte dieser Zusammenkunft werden geändert, damit die Menschheit die Einzelheiten und die Information leichter verstehen kann."

„Was meinst du mit ‚geändert'?" fragte ich.

„Ich gebe dir ein Beispiel. Das liebevolle Wesen, das soeben gesprochen hat, hat dies nicht als Einzelwesen getan. Jeder hier ist mit den anderen telepathisch verbunden und spricht durch alle mit einer einzigen Stimme."

„Das erklärt die einmalige Qualität ihrer Stimme", sagte ich.

„Die Mischung aller hier Versammelten sowie ihre innere Reinheit macht ihre Stimme so besonders", antwortete Julia. „Du wirst sie später noch einmal hören, aber hier sind drei andere, die ihre Weisheit mit dir teilen möchten."

Drei Wesen erschienen. Sie verbreiteten Wellen kristallklarer Energie. Als ein goldener Strahl aus der Mitte sich mit meiner Essenz mischte, hörte ich eine tiefe wohlklingende Stimme.

„Wir grüßen dich im Namen des Schöpfers. Wir drei wurden auserwählt, den physischen Körper zu entwerfen, in dem die Seele zu den materiellen Welten reist.

Der physische Körper wird der ‚Tempel der Seele' genannt, denn die Seele ist das einzige Element, das den vollständigen

Strom der göttlichen Liebe direkt empfängt. Dieser Strom nährt die Seele, während sie in der dichteren Materie der physischen Substanz gefangen ist.

Wenn der göttliche Strom aufhört, von der Seele in die Empfangsstationen des Körpers (Chakras) zu fließen, wird die physische Form abgelegt. Die Trennung der Seele vom Körper ist das, was die Menschen ‚Tod' nennen.

Die Seele ist ein unvergleichliches Juwel, und das physische Vehikel, durch das sie sich auf der Erde manifestiert, stellt ein kompliziertes Zusammenspiel von Energien dar, das beinahe über jegliches Begreifen hinausgeht. Für diejenigen, die das unsichtbare Spektrum sehen können, ist der Körper eine brillante Schöpfung aus Mustern und Farben.

Die physische Form wird durch die Seele zum Leben erweckt. Die sieben feinstofflichen Körper dienen als elektrische Transformatoren, die die göttliche Energie auf Schwingungen heruntertransformieren, die der physische Körper als Nahrung aufnehmen kann. Die feinstofflichen Körper stabilisieren die Schwingungen der Seele auch innerhalb des Energieflusses der Erde.

Jeder feinstoffliche Körper hat eine Empfangs- und eine Sendestation, die mit dem gesamten System der Energie, die durch die einheitliche Struktur fließt, eine Wechselwirkung eingeht (1). Diese Stationen nehmen auch Energie von den sieben Frequenzbereichen der Erde auf.

Eines der Ziele dieser Versammlung ist es, die Menschheit über die wahre Natur der Seele aufzuklären. **Solange die Menschen nicht begreifen, was ‚Seele' ist, wird ihnen das Geheimnis des Lebens verborgen bleiben.**

Seelen leben und atmen im Herzen Gottes. Tausende von Malen können sie sich in den äußeren Welten manifestieren, aber die Seele verläßt die feinstoffliche Ebene nie ganz. Diese Bindung ist auf ewig verankert: Gott lebt in jedem von uns, wie jeder von uns in Gott lebt.

Die Energien, die die Seele umgeben, werden von einigen Menschen als Muster aus Licht und Farbe in der Aura wahrgenommen. Der Astralkörper, der die physische Form umgibt, besteht tatsächlich aus vielen Schichten atomarer und subatomarer Partikel, die mit den feinstofflichen Körpern magnetisch verbunden sind. Diese Schichten mischen die feinstofflichen Frequenzen mit der Hauptschwingung der Erde. Ohne diese Isolierung würden die Schwingungen der feinstofflichen Körper die vollständige Auflösung der Erde bewirken."

Das klang stark übertrieben.

„Wie ist das möglich?" fragte ich.

Der Strahl, der uns verband, vertiefte seine Farbe und sandte Spiralen goldener Energie aus, als die Stimme fort-fuhr.

„Du wirst es verstehen, wenn du die letzten Phasen des Tempels durchschritten hast. Deine Einweihung in die vielen Aspekte der Schöpfung ist noch unvollständig, wir werden es später erklären.

Wenn die Menschen die Beziehung zwischen ihren phy-sischen und feinstofflichen Körpern begriffen haben, wer-den sie fähig sein, mit allen Ebenen der Existenz zu kom-munizieren.

Durch die Wechselwirkung der feinstofflichen Körper mit verschiedenen Partikeln und Energien, die die Erde umge-ben, wird der physische Körper geformt. Wenn wir von Energie sprechen, meinen wir die Substanz der Schöpfung. Atomare und subatomare Partikel sind nichts anderes als Energien, die in verschiedenen Frequenzen schwingen, um größere physische Elemente zu schaffen.

Um den Ur-Rhythmus der Erdschwingung zu schaffen, mischen sich fünf Hauptenergieströme. Wenn die sieben feinstofflichen Körper mit diesen Energieströmen verwoben werden, entsteht ein Gleichgewicht, in dem der menschliche Körper geschaffen und erhalten werden kann. Die Instru-mentation dieser Symphonie aus Schwingungen ist in der Schöpfung unübertroffen.

Ein weites Netz miteinander verknüpfter Übermittlungs- und Verbindungspunkte koordiniert alle diese Schwingun-gen. Der Magnetismus der Seele ist die bindende Kraft, die diese Anordnung zusammenhält. Wenn die Seele zum Zeitpunkt des Todes den physischen Körper verläßt, existiert dieses Gleichgewicht nicht mehr und der Körper beginnt sich aufzulösen.

Eingebaut in dieses Netzwerk ist ein zweites Resonanzsystem, das die Funktion der Chakras ergänzt. Acht zusätzliche Übermittlungszentren werden jeweils von acht kleineren Zentren umgeben. Dieses System ändert sich ständig und paßt sich der Energie der Seele an, damit sich diese mit den Schwingungen der Erde mischen kann.

Um das Gleichgewicht zu erhalten, müssen alle Energien innerhalb dieses Systems jeden dieser Punkte und viele kleinere Punkte passieren. Beim Tod verläuft dieser Prozeß umgekehrt, um dabei die feinstofflichen Körper zu lösen und freizugeben.

Einer der Hauptgründe, warum wir hier versammelt sind, ist, den Menschen zu helfen, ein vollständiges Gleichgewicht innerhalb ihres riesigen Schwingungsbereiches zu erlangen.

Auf der Erde gibt es eine Reihe Menschen, die in jedem Aspekt der irdischen Aktivität einen göttlichen Einfluß sehen; sie werden auf die Liebe, die wir schicken, antworten. Und viele, die dich als Sprecher für den Frieden in der Welt noch nicht vergessen haben, werden dich mit offenen Armen aufnehmen."

Als die Botschaft endete, verschwand der Verbindungsstrahl. Goldene Energie strahlte aus allen drei Wesen und ihre Formen verloren sich im Glanz. Als das Licht vollends verblaßt war, hatten sie ihre Plätze in der Menge im Heiligtum wieder eingenommen.

* * *

(1) Seele, Ätherkörper und physischer Körper.

„Für die Menschheit beginnt jetzt ein Zeitalter, in dem sie sich von vielen der vergangenen Begrenzungen befreien wird. Errungenschaften in der Technik und Fortschritte in der Medizin machen es dem Menschen immer mehr möglich, sich von Not und Krankheit zu befreien. Ein Problem ist dem Menschen jedoch geblieben: er selbst und die Beziehung zu seinem Nächsten. Um sich selbst völlig verstehen zu können, muß er sich bewußt werden, daß er nicht nur aus einer vergänglichen Form besteht, die Alter und Tod preisgegeben ist, sondern eine unsterbliche Seele in einem unsterblichen Körper hat, und einen Geist, der vom physischen Verstand unabhängig ist."

Sir Donald Tovey

4

Die Menschheit: Brücke zwischen Himmel und Erde

Von einem Gefühl tiefer Verbundenheit erfüllt, stand ich ruhig in der Stille des Heiligtums. Seit ich die Erde verlassen hatte, war mir soviel Wahrheit über das Leben zuteil geworden! Keine Frage, diese Versammlung war Ausdruck der gesamten menschlichen Erfahrung.

Ich gab mich eine Weile diesen Betrachtungen hin, bis Julia meine Gedanken unterbrach:

„Ich habe dir bereits erklärt, daß deine Verbundenheit mit den Millionen auf der Erde, die dich verehrt und deine Musik geliebt haben, unser stärkstes Band für die Übermittlung ist. Weil Musik dein Hauptbindeglied zur Menschheit ist, wirst du jetzt einer Wesenheit begegnen, die auf Erden ein Musikgenie war; dieses Wesen wird dich an seiner Weisheit teilhaben lassen."

Violettes Licht umhüllte die Form, die sich bildete. Ihr Gesicht war im Licht nicht genau zu erkennen, aber ich spürte die unendliche Freundlichkeit und Weisheit dieses Wesens.

Ein Strahl goldenen Lichts verband seine Form mit der meinigen, und ich vernahm eine Flut von Klängen, die so schön und bereichernd war, daß ich ewig hätte zuhören können. Eine endlose Vielfalt von Rhythmen und Melodien mischte sich immer wieder neu. Bekannte Passagen tauchten auf, aber sobald ich ein Muster erkannte, veränderte es sich zu etwas völlig Neuem.

Dann wandelte sich die Musik zu gesungenen Mustern –
eine Stimme kristallisierte sich heraus, die mich an laufendes
Wasser erinnerte – ein rieselnder Strom aus Tönen, beruhi-
gend und friedvoll.

„Ich grüße dich im Namen des Schöpfers – und in Erinnerung an all das, was uns verbunden hat."

Ein leuchtender Glanz ging von ihm aus, und der Strahl
Energie, der uns verband, pulsierte in einer faszinierenden
Skala von Farben. Erinnerungen an mein Leben auf der Erde
– und an Leben davor – zuckten durch meinen Geist. Ich
wurde mir bewußt, daß ich schon existiert hatte, bevor ich in
eine irdische Form geschlüpft war! Die Art der Energien, die
mich damals umgeben hatte, war den Energien sehr ähnlich,
die bei diesem Treffen vorherrschten.

Ich erinnerte mich an den Schwur, den ich vor Beginn
meines Erdenlebens getan hatte – und da wurde mir klar, daß
sich jede Einzelheit verwirklichte.

„Jetzt schwingen unsere inneren Frequenzen gleich, und
wir können uns an alles erinnern, was wir gemeinsam erlebt
haben.

Viele Male hat mich deine Mutter gebeten, dir bei deiner
musikalischen Kreativität zu helfen. Auch andere feinstofflic-
che Quellen haben deine Arbeit unterstützt, damit sie für ein
größeres Publikum Bedeutung erlangte – für viel mehr Menschen, als es für jeden anderen Bereich in der Musik üblich
ist. Unsere Botschaft der Liebe und des Friedens wird am
leichtesten durch das universale Medium der Musik übertragen.

Musik ist die Sprache des Schöpfers. Die Hauptschwingung des Schöpfers war das auslösende Moment für die
Schaffung aller Formen. Rhythmus ist das kosmische Gesetz
der göttlichen Bewegung und die Ausgangsbasis für jede
Musik.

Rhythmus ist auch die Sprache des Lebens. Von dem Moment an, in dem eine Seele eine menschliche Form annimmt,
bis zur Rückkehr auf die feinstoffliche Ebene ist sie ständig
bestrebt, durch diesen Rhythmus genährt zu werden – und

versucht, durch diese Nahrung ein vollkommenes Gleichgewicht zu erreichen.

Die feinstofflichen Hüllen, die die Seele umgeben, sind auf komplizierte Weise mit den Energien verbunden, die den physischen Körper bilden. Noch komplizierter ist das Ausbalancieren dieser Schwingungen auf eine einzige Frequenz im Einklang mit der Hauptschwingung der Seele.

Die Erdenmenschen haben Ewigkeiten gewartet, diesen glückseligen Zustand einheitlicher Resonanz zu erreichen. Unser Ziel ist es, ihnen dabei zu helfen.

Vieles wird auf vielen Ebenen getan, um den Menschen zu helfen, sich der feinstofflichen Ebenen immer stärker bewußt zu werden. Andere Gruppen arbeiten auf anderen Wegen und durch andere Kanäle – alle jedoch gemeinsam nach göttlichem Plan. Unser Beitrag ist nur einer von vielen in der letzten Reihe eines weitgehenden Versuchs, eine einzige ausgeglichene Frequenz zu erreichen.

Die Menschen müssen sich bewußt machen, daß der physische Körper nur ein kleiner Teil von ihnen ist. **Die Zersplitterung, die die Menschen erleben, entsteht durch die gedankliche Trennung von Gott.**

Sie werden lernen, was du gelernt hast: Der physische Körper und die gesamte grobstoffliche Ebene existieren nur in Verbindung mit der Seele.

Sobald sich die Seele entfaltet, antwortet der physische Part mit größerer Harmonie und Klarheit. Die Menschen auf der Erde sind weit genug entwickelt, um unsere Hilfe bewußt in Anspruch nehmen zu können. Für einen großen Teil dieser Hilfe brauchen wir dich, John. Die Welt erinnert sich daran, was du ihr gegeben hast, aber das Geschenk, das du jetzt für sie bereithältst, ist noch viel wichtiger."

* * *

Der Meistermusiker war wirklich ein außergewöhnlicher Lehrer. Lichtjahre blitzten auf zwischen meinen Bewußtseinsebenen, als sich die Informationsflut in meine Seele ergoß.

Bilder entstanden und bildeten sich neu zu einem weiten Panorama aus Licht, bis ich jegliches Gefühl für Zeit und Raum verlor. Wie die Gischt, die aus der Fontäne eines Springbrunnens sprüht, stürzte ich durch eine Explosion von Sternen ... und erlebte das unendliche Meer der Ewigkeit.

Schnell über die Oberfläche der Erde hinweggleitend, sah ich künftige Ereignisse. Was die Menschheit in der Vergangenheit der Geschichte erreicht hat, ist nichts im Vergleich zu dem Quantensprung, den sie demnächst erfahren wird. Das Schicksal der Erde ist ein völliges Eintauchen in das Wunderbare.

* * *

Der Meistermusiker sprach weiter über viele Dinge, sichtbare und unsichtbare ...

„Wesen aus anderen Daseinsebenen haben den Grundstein für unsere Kommunikation gelegt, indem sie innerhalb der Energiefelder der Erde eine größere Aufnahmebereitschaft geschaffen haben. Viele vor dir haben die Menschen auf unsere Botschaft vorbereitet.

Die Menschen auf der Erde sind mit dem Planeten verbunden, indem sie ihr Schwingungsniveau – vom Atom zur Seele – mit den Energiefeldern der Erde vermischt haben. Diese Mischung ermöglicht es ihnen, innerhalb der elektrischen Realitäten jener Welten zu leben.

Ein Teil unserer Aufgabe ist es, die Menschen über diese elektrische Beziehung aufzuklären und ihnen beizubringen, wie sie ihr volles Potential erreichen können. Aber zuerst müssen sie die Art ihrer Entstehung und Existenz auf der Erde begreifen."

Erneut spürte ich, welche Auswirkung dieses Treffen auf die Welt, die ich vor kurzem verlassen hatte, haben würde ... und meine Gefühle der Ehrfurcht vertieften sich.

Plötzlich traten die drei Baumeister des menschlichen Körpers erneut auf und setzten ihre Kommunikation mit mir mit vereintem Bewußtsein fort.

„Die Menschen müssen die Beschaffenheit ihres Körpers und das Gleichgewicht der Energien, durch das sie geschaffen werden, begreifen. Wir als spezifische Erscheinung des göttlichen Geistes haben die Aufgabe, ihnen dabei zu helfen. **Die Menschheit ist eine Brücke zwischen Geist und Materie – zwischen Himmel und Erde.** Wenn ein Lichtwesen in eine physische Gestalt gehüllt wird, bildet die Seele eine Brücke zwischen den grobstofflichen und feinstofflichen Ebenen.

In der menschlichen Zelle mischen sich alle Realitäten. Materie und Antimaterie vereinen sich in rhythmischer Bewegung und ermöglichen es, daß sich Energien mischen und bündeln – um damit eines der kompliziertesten Gleichgewichte der gesamten Schöpfung zu erreichen.

Jede physische Manifestation, einschließlich der Erde, ist eine Stabilisierung von Energien, die von der göttlichen Quelle ausgesandt werden. Die Ur-Substanz ist ein Brennpunkt der stabilisierten Energien innerhalb des Planeten. Alle Lebensformen auf der Erde werden mit dieser Substanz in Einklang gebracht, nur so können sie gemeinsam existieren. Die Sonnenstrahlung ist die Schlüsselschwingung, die die verschiedenen Lebensformen in einem zusammenhängenden System harmonisiert. Wir sind jetzt dabei, den Prozeß der Mischung des menschlichen Bewußtseins mit dem Bewußtsein der Erde zu vollenden. Dann werden die Menschen und die Erde ihr göttliches Schicksal erfahren und leben."

Von der Bedeutung dieser Offenbarung wie erschlagen, drehte ich mich in Spiralen in einer unglaublichen Explosion aus Energie nach oben. Als ich die Wunder des Heiligtums tief in mich aufgenommen hatte, wurde mir klar, warum dieser majestätische Platz für unser Treffen ausgewählt worden war. Die Schönheit dieses Ortes spiegelt in wunderbarer Weise die Präsenz Gottes wider, die sich durch die Schar der Engel ergießt – als Ausdruck Seiner Schöpfung.

Die Baumeister fuhren fort.

„Wir erinnern dich noch einmal daran – die hier versammelten Wesen arbeiten nicht allein an dieser Aufgabe. Viele göttliche Vertreter sind in dieser Bündelung aus Licht vereinigt.

Eine unserer größten Offenbarungen für die Menschheit ist, daß die Äther selbst lebendig sind und in Antwort auf die Präsenz Gottes vibrieren.

Das göttliche Licht fließt mit solch einer Geschwindigkeit durch den Kern eines Atoms, daß die Menschheit mit dem ursächlichen Stoff der Schöpfung buchstäblich verwoben wird – und das schneller als mit Lichtgeschwindigkeit. Wenn die Menschen das verstanden haben, werden sie den Sinn ihrer Existenz viel höher bewerten.

Die unendliche Fähigkeit der Menschen zu kommunizieren ist die Folge einer Anpassung der sieben Frequenzbereiche innerhalb der Ur-Substanz der Erde und der sieben Energiefelder innerhalb des Atoms.

Im Atomkern findet sich ein achtes Energiefeld, die angepaßte Kombination der anderen sieben. Dasselbe gilt für die Ur-Substanz. Jedes Energiefeld im Atom wird einzeln auf die entsprechende Frequenz innerhalb der Substanz eingestimmt."

* * *

Ich brauchte eine Weile, bis ich all diese Beziehungen verstand.

„Das Heiligtum der Engel ist ein Strudel aus ständig fließender göttlicher Nahrung, durch die Gott seine Schöpfung umarmt", sagte Julia. „Eine unserer Aufgaben ist es, den Menschen die unbegrenzte Sorge und Liebe, die ihnen zuteil wird, begreiflich zu machen, damit sie sie annehmen können.

John, du mußt den Schleier aus Licht passieren und die Präsenz in der sechsten Erscheinungsform des Tempels erfahren. Das ist von größter Wichtigkeit, nicht nur für deine eigene Vollendung, sondern für den breiteren Umfang unseres Wirkens im Heiligtum."

In einem mächtigen Aufwallen von Energie drehte ich mich erneut spiralförmig nach oben – dieses Mal jedoch von zwei engelsgleichen Wesen begleitet. Sie sahen anders aus als die Engel, die ich bisher gesehen hatte. Feine Muster aus Violett und Purpur pulsierten wie zwei majestätische Schwingen aus der Mitte ihres Körpers. Jedes dieser Wesen trug um die Stirn ein Band aus goldenem Licht und teilte sich durch blitzende Lichtimpulse aus diesen Bändern mit. Es war faszinierend *.

„Friede sei mit dir. Wir kommen zu dir als Diener deines eigenen göttlichen Selbst, um ein Band zwischen den beiden Aspekten deiner Seele zu schaffen: deiner irdischen Identität als ‚John' und der unendlichen Realität deiner Seele. Durch dieses Band wird eine Resonanz mit der Erde erreicht, bis deine Kommunikation vollendet ist.

Deine Seele wird jetzt eine Umwandlung erfahren und sich entfalten, so daß du den vollen Ausdruck ihrer schöpferischen Energie erleben wirst."

Als die Engel Blitze aus violettem Licht aussandten, breitete sich die Energie ihrer Gedankenformen in meinem Inneren aus. In einer Explosion aus violett strahlender Energie verschwanden die hier versammelten Wesen, und mit ihnen die Große Halle.

* * *

Die beiden Engel begleiteten mich in das sechste Tal. Große Energiewellen bewegten sich durch den violetten Nebel, von goldenen Kugeln aus Licht erleuchtet.

Die Engel erhöhten ihr Schwingungsniveau und schufen einen reinen durchdringenden Ton, der, als sich die Kugeln ausdehnten, an Lautstärke zunahm. Dann, in einer unglaub-

---

* Siehe Umschlagbild 2 (Innenseite)

lich heiteren Musik gipfelnd, verschmolzen die Kugeln in einer Explosion aus goldenem Licht. Es war der sechste Tempel der Oktave.

Violette Säulen schufen eine unbeschreiblich opalisierende Form, den ersten fünf Tempeln ähnelnd – aber noch viel schöner. Ein Strahl purpurfarbenen Lichts flackerte im Inneren. Ich war sofort dort.

Von der Präsenz umarmt, verspürte ich eine derartige Ekstase, daß ich jegliches Gefühl für Getrenntsein verlor.

In schneller Folge materialisierten sich vor mir Aspekte der ersten fünf Tempel. Komplizierte Energiemuster wurden von diamantfarbenen Glühwürmchen belebt, die ich im zweiten Tempel gesehen hatte. Sie schwärmten um mich herum und erzeugten sanfte beruhigende Klänge, bis ich in einer Kugel aus diamantenem Licht eingeschlossen war.

Als sich die Kugel durch schimmernde Flüssigkeit zu einem kobaltblauen Kreis bewegte, vibrierte ein einzelner Ton so mächtig durch meine Seele, daß ich mich aufzulösen meinte. Stattdessen trat ein lodernder Strahl aus Gold, von einem tiefen Blau eingehüllt, aus meiner Kugel heraus und verband sich mit dem Zentrum des Kreises. Der einzige Ton wurde zur himmlischen Rhapsodie! Welle um Welle fröhlicher Harmonien schwirrte um mich herum, die anschwollen und schließlich in einem brillanten Crescendo aus Gold und Kobalt endeten.

Ich flog durch die verschlungenen Muster des Kreises in einen Wirbel regenbogenfarbener Energie. Mich völlig hingebend, wurde ich durch die Mitte des Kreises in einen funkelnden Diamantkern hineingezogen.

Ein Schwall klaren weißen Lichts stieß mich durch die Spitze des Kerns, und ich wurde in lebendiges Licht verwandelt. Ich erlebte die Schöpfung aus einer völlig anderen Perspektive – nicht als Beobachter, sondern als die Quelle selbst.

Zeit und Raum verschmolzen zu einem riesigen pulsierenden Muster. Universen bewegten sich sanft wie Meereswellen und schufen neue Welten durch mächtige Lichtblitze. Spiegelbilder von Universen warfen ihre Strahlen zurück und ermöglichten dadurch dem Licht, sich selbst zu begreifen. Materie und Antimaterie wirbelten gemeinsam in Wellen durcheinander und funkelten mit der fließenden Bewegung der göttlichen Strahlung um die Wette. Sich gegenseitig durchdringende Sphären vereinigten sich zu Lichtpulsationen, während Sphären reinen Geistes mit der Materie verschmolzen – im Ausdruckstanz des göttlichen Geistes.

* * *

Eine Bewegung brachte mir mein Bewußtsein als Einzelwesen zurück. Meine beiden violett strahlenden Freunde tauchten kurz auf, um mich zu beruhigen, und waren gleich wieder verschwunden.

Nacheinander materialisierten sich die Wesen der ersten fünf Tempel in brillanten Explosionen aus Farbe. Als das letzte verschwunden war, füllte eine außergewöhnliche Präsenz die Äther. Erneut wurde ich in einem Wirbel aus Energie hochgetrieben, immer schneller und schneller im goldenen Licht kreisend.

Als die Bewegung endete, war ich wieder im sechsten Tempel. Er war zu einer blendenden Reflexion von Prismen in allen Regenbogenfarben geworden.

Aus dem Glanz materialisierte sich eine goldene Form, und die Äther vibrierten mit der Botschaft: „Schau das Licht. Schau, ich bin in dir ... und du bist in mir."

Eine Reihe von Lichtpulsationen aussendend, fuhr das Wesen fort: „Ich schaffe diese Form als Reflexion unserer Einheit. Ich werde den göttlichen Geist in dir zu neuem Leben erwecken, damit du diese Wahrheiten erkennst.

Die Form, die du jetzt vor dir siehst, ist die erste von dreien, die ich schaffen werde, um diese Enthüllung möglich zu machen. Während du in meine Realität eintauchst, werde ich mein Licht verstärken, damit du mich klarer sehen kannst.

Schau, ich bin die Zeit und der Raum. Ich bin der Rhythmus der tanzenden Universen aus Licht. Ich bin die unendliche Welle der wirkenden Kraft Gottes.

Sieh, wie wir eins sind. Erinnere die Menschen daran, daß wir auf ewig gleich sind. Die gesamte Schöpfung wird eins im Glanz meines göttlichen Lichts.

Enthülle den Menschen die wahre Natur ihres göttlichen Lichts. Sie sind nicht die begrenzten materiellen Wesen, für die sie sich halten, sondern heiliger Ausdruck einer göttlichen Natur. Hilf ihnen, diese begrenzenden Vorstellungen aus ihrem Geist zu verbannen, damit sie die Nahrung meiner Lebenskraft aufnehmen können.

Jeder Aspekt der Schöpfung wird durch meine göttliche Präsenz erhalten und genährt. Niemandem wird die vollständige Erfahrung meiner Liebe vorenthalten. Enthülle den Menschen, wie unendlich stark diese Liebe macht.

Alles – von dem kleinsten Teilchen stabilisierten Lichts, das deine Menschheit als Materie wahrnimmt, bis zur höchst komplexen Schwingungsangleichung – sei es der menschliche Geist, sei es das zentrale Nervensystem – alles ist Ausdruck der Göttlichkeit. Das gilt für die gesamte Schöpfung. Die Menschheit muß jetzt lernen, das zu begreifen. Die Erde wird voll und ganz durch die rhythmische Umarmung der göttlichen Liebe gespeist.

Schau, ich bin der Schoß des Lichts, aus dem die gesamte Schöpfung geboren wird. Ich bin das Tor zum Königreich. Ich bin die Spirale aus Licht, die dich einhüllt, während du die verschiedenen Sphären der Schöpfung betrittst und wieder verläßt.

Viele Propheten haben meine Botschaft in den manifesten Welten verkündet. Du, mein Kind, bist ein Aspekt meiner Selbst, durch den ich jetzt, in diesem Augenblick der Einheit, deinen Planeten umarme. Schreite voran als Strahl der Göttlichen Präsenz und wisse, daß die, die dir auf der Erde helfen werden, bewußt auserwählt worden sind.

Ich bin die Umarmung aus Licht."

Während die Schlußworte des Wesens in mir nachklangen, verschwand der sechste Tempel.

* * *

Mein Lichtkörper verband sich mit einer Spirale aus blau-weißer Energie, und ich sah, daß sich sämtliche Wesen aus dem Heiligtum im Innern versammelt hatte. Ihre Energie mischte sich mit der Spirale und verwandelte sie in ein wunderbares Juwel aus diamantenem Licht.

Die Energiewelle unserer Spirale teilte den Äther in Sphären, und mit Verwunderung sah ich strahlende Wesen durch die Weite des Raums gleiten. Einige wurden von unserem Licht angezogen und mischten ihre Energien mit den unsrigen, wobei Wellen der Freude und phantastische Farbspiele entstanden.

Mitten durch diesen Austausch der Energien hindurch wurde ich zur Spitze der Spirale gezogen. Kurz bevor ich sie erreichte, hörte ich die Stimme meiner Mutter: „John, ich bin bei dir in diesem Augenblick der Freude. Gemeinsam fließen wir in die Essenz der göttlichen Umarmung, um unser Licht mit der Menschheit zu teilen.

Während du jetzt mit der Spitze verschmilzt, verbindest du dich gleichzeitig mit den Wesen in dieser Spirale und mit dem Mann auf der Erde, der auf die Verbindung mit dir wartet. Das wird das letzte Glied in der Kette sein – eine Brücke aus Licht, die Zeit und Raum überwindet, um unseren Planeten zu umspannen."

Ich verschmolz mit der Spitze der Spirale und sah, wie Mutter eins wurde mit mir und Gott. In diesem Moment wurde ich mit dem göttlichem Licht gesalbt.

* * *

Die mächtigen Energiewellen in der Spirale trieben einen Teil meiner Essenz über die Spitze hinaus. Als ich mich mit der Essenz der Erde verband und mischte, überschüttete ein Schwall goldenen Lichts die Spirale und hüllte den Planeten ein. Das gab der Ur-Substanz der Erde Kraft und verankerte sie in der Schwingung der Lichtwelle. Als ich durch die Aura der Erde flog, folgten meiner Energiewelle rhythmische Pulsationen aus Farbe. Meine Seele wurde auf die Schwingungen der Substanz eingestimmt. Endlose Informationsströme flossen durch meinen Geist, während die Erde die Geheimnisse ihrer göttlichen Natur preisgab. Dann schwebte ich so schnell, wie es die Schwingungsart der Erde erlaubte, durch die verwobene Anordnung der Muster, die die Substanz bildeten.

Wie die Blütenblätter einer himmlischen Blume öffneten sich vor meinen Augen die einzelnen Energiemuster Schicht um Schicht. Als ich in den Kern der Substanz eintauchte, befand ich mich unmittelbar in einem riesigen goldenen Kristall – dem siebten Tempel der Oktave.

Eine rotierende Säule aus Licht strahlte diamantene Energie aus, als die Präsenz des Tempels in meine Essenz floß. In dieser Vereinigung war ich Teil der wahren Verbundenheit mit dem Licht Gottes.

„Schau das Licht. In diesem Licht sind wir eins.

Sieh, mein Kind, wie dein Planet von der Lichtwelle eingehüllt wird. Die Brücke ist gebaut, und der Erdenmann, der erwählt wurde, deine Botschaft zu empfangen, ist bereit.

Sieh dir die Erde in diesem Moment ihrer Umwandlung an. Der Glanz unserer Umarmung strömt durch die Unendlichkeit des Raums bis in alle Ewigkeit.

Ich bin das Licht der Erde."

Ein Gedanke, klar wie ein Kristall, ging durch meine Essenz, und im selben Moment wurde ich in die Substanz zurückgezogen. Als ich durch ihr phantastisches Muster wirbelte, enthüllten riesige feinstoffliche Sphären ihre verborgenen Lebensformen.

* * *

Dann war ich wieder im Heiligtum, erneut eingehüllt in die göttliche Präsenz.

„Schau, ich bin die unendliche Welle der wirkenden Kraft Gottes. Ich bin das Licht, mit dem du jetzt verschmilzt. Ich bin die Transformation der Erde."

Neben mir tauchte eine Säule aus violettfarbener Energie auf, und erstaunt sah ich, daß sie sich in meine Mutter verwandelte!

„John, das unendliche Mitgefühl und die Weisheit der göttlichen Präsenz erlauben es mir, ein letztes Mal zu dir in einer Form zu kommen, um dich an meine ewige Liebe zu erinnern. Ich gebe dich frei in die Essenz des Lichts, das du bist. Salbe unsere Welt mit dem Licht Gottes, während du bei ihrer Umgestaltung hilfst.

Die Menschheit ist ein Wesen aus Licht, das jetzt die Grenzen der Vergangenheit transzendiert und die unendlichen Möglichkeiten des Augenblicks erfährt. Du bist ein Kind des Lichts. Hab Mut und mach dich auf den Weg! Das Licht wird dich schützen!"

Ein strahlender Blitz – und Mutter wurde mit der Schöpfung eins.

* * *

„Wenn sich die Wissenschaft endlich mit nicht-physischen Phänomenen beschäftigt, wird sie in einem einzigen Jahrzehnt mehr erreichen als in allen Jahrhunderten davor zusammen."

Nikola Tesla

5

Der Lichtbrunnen

„Die Umarmung des Lichts hat die Schwingungsenergien der Erde erhöht. Die Ur-Substanz ist diesen höheren Schwingungen angepaßt worden. Damit ist der Planet bereit, die Energien aufzunehmen, die von diesem Heiligtum in konzentrierter Form ausgesandt werden."

Die beiden Engel waren unserer Versammlung gefolgt. Ihre goldenen Stirnbänder pulsierten mit der Information, die sie übermittelten.

„An den Knotenpunkten in der Ur-Substanz sind große Lichtzentren geschaffen worden. Wesen aus den sieben Lichtsphären der Erde verweben ihre Energien an diesen Knotenpunkten mit der Substanz und richten ihre gebündelte Energie gemeinsam in deren Kern.

Innerhalb der Ur-Substanz haben Veränderungen eingesetzt, die die Art und Aktivität jeder Lebensform auf der Erde neu strukturieren werden.

Jede Schwingung, die die Substanz verändert, verändert die ganze Erde – von den Körpern ihrer physischen Lebensformen bis zum eigentlichen Zweck ihres Seins. Wenn die Anpassungen abgeschlossen sind, bleiben nur die Lebensformen bestehen, die weiterhin mit der neuen Ur-Substanz in Einklang sind; alle anderen werden in Sphären gebracht, die ihren Bedürfnissen mehr entsprechen.

Die primäre Lebensform der Erde, das Menschengeschlecht, wird darauf vorbereitet, weiterhin auf dem Planeten zu bleiben, muß sich jedoch, während sie ihre Schwingungsniveau der neuen Substanz anpaßt, vielen Veränderungen unterziehen."

Ich hungerte nach Einzelheiten. Mir lag so viel daran ....

„Dein Planet hat vielen großen Seelen gedient, wie er jetzt der kollektiven Seele der Menschheit dient. Die Menschen haben sich vor Ewigkeiten in Vorbereitung auf dieses Erlebnis der Erde angepaßt, denn die Seele kann weit über die Grenzen von Zeit und Raum hinausschauen.

Nach deiner Verwandlung im achten Tempel werden wir unser Licht durch dich bündeln, um die Erde zu segnen. In Vorbereitung auf dieses Ereignis werden sich riesige Portale aus Licht öffnen, um die Erde in göttlichem Glanz zu baden. Die Erde ist dazu bestimmt, die Hauptlichtschranke (1) zu überschreiten und sich einer Gruppe von Sternen anzuschließen, die von der Menschheit noch nicht wahrgenommen worden ist.

Unsichtbare Lichtstrahlen im Hochfrequenzbereich werden entlang der komplizierten Gittermuster projiziert, um die richtige Orientierung der Erde innerhalb der neuen Sternengruppe zu sichern."

Das machte mich erst recht neugierig ...

* * *

„Tiefe Liebe und Zuneigung werden der Erde und all ihren Menschen zuteil. Die Quelle dieser Veränderungen, die den Planeten trägt und die vielen Lichtwesen nährt, die ihm dienen, ist die göttliche Liebe. Liebe ist das lebendige Licht, das die Äther trägt – der unendliche Fluß des sich manifestierenden Lebens. Liebe transformiert die Erde.

Die kollektive Menschenseele steigt auf zu einer höheren Frequenzstufe. Neue Codes der aufeinanderfolgenden Entwicklungsstufen ermöglichen es den einzelnen menschlichen Seelen, ihre Energiekörper einem einheitliches Feld von Lichtbewußtsein anzugleichen – so daß sie bewußt am Kollektivbewußtsein teilhaben können.

Wir verfügen über viele Informationen, die wir im Zusammenhang mit diesen Veränderungen mit den Menschen teilen möchten. Da der ganze Kosmos die Umgestaltung unterstützt, stimuliert die Erde schlummernde Energien in ihrer Substanz, um den Lichtimpuls ihres Seins zu verstärken.

Erhöhter Energieaustausch zwischen den Lichtsphären und den Schlüsselknotenpunkten innerhalb der Substanz wird die großen Veränderungen an der äußeren Form der Erde beschleunigen.

Die kollektive Menschenseele wird auf diese Veränderungen reagieren, indem sie viele ihrer begrenzenden Gedankenformen umwandelt. Dadurch wird jede Ebene der menschlichen Form auf ein höheres Schwingungsniveau gebracht."

Mir kamen einige begrenzende Gedankenformen in den Sinn, die ich zu Lebzeiten versucht hatte zu ändern ... zum Beispiel Krieg.

Plötzlich erhöhte sich der Druck der Energie in meinem Inneren und ließ mich die künftigen Veränderungen sehen ... und mein Bewußtsein schwang sich zu höheren Regionen empor!

Zeit und Raum verschwanden. Als ich voller Glückseligkeit in einem See kristallklarer Energie schwamm, hörte die gesamte Schöpfung auf zu existieren. Während ich das klare Licht meines eigentlichen Selbst erlebte, wurde ich in einem Stadium tiefster Ekstase transformiert.

Ich wußte, **diese ekstatische Erfahrung war für jeden Menschen auf der Erde vorgesehen. Jeder würde eine individuelle Transformierung erleben, die so tiefgreifend war wie die meinige.**

* * *

Vor mir tauchten sieben strahlende geometrische Energieformen auf. In einem Ausbruch irisierenden regenbogenfarbenen Lichts entstand eine achte Form. Ich wurde direkt in ihre Mitte gezogen. Es war der achte und letzte Aspekt des Tempels.

Ich spürte die Vibration eines Wesens auf dem höchsten Schwingungsniveau, das ich je erfahren hatte. Meine eigene

Schwingung änderte sich und paßte sich der seinigen an, und mit einem strahlenden Lichtblitz floß es in mein Selbst.

„Schau das Licht. Im Licht sind wir eins.

Die Schöpfungskraft meiner Liebe hat bewirkt, daß diese beiden Aspekte meines Selbst – meine Präsenz und deine Lichtessenz – in einem ausgeglichenen rhythmischen Austausch von Licht für einen kurzen Augenblick existieren können.

Ich bin der rhythmische Austausch von Licht.

Ich bin die strahlende Symphonie der Äther. Die ewige Schwingung meiner göttlichen Liebe ist der Klang, der durch die Weite des Raumes widerhallt. So, wie sich in meinem Geist Licht bewegt, entsteht der Klang im ganzen Universum. Du hast dich auf die Ebene dieser Töne geschwungen, als du die verschiedenen Sphären des Lichts erfahren hast.

Ich bin die unendliche Welle der göttlich wirkenden Kraft.

Die Energie, aus der die Universen entstehen, die Zeit und Raum durcheilen, wird durch meine Präsenz in rhythmischen Einklang gebracht.

Ich bin die riesige Legion stellarer Wesen, die die grobstofflichen Welten erleuchten und nähren.

Ich bin die lebendige Offenbarung des Lichts. Ich zeige den Menschen das Wesen des Lichts und die unendliche Reichweite der Frequenzen, die es ihnen erlaubt, meine Schöpfung zu erfahren.

Weil sich das Schwingungsniveau der Erde ändert, ändert sich auch ihre stellare Anordnung. Große stellare Wesen schwingen sich auf ihr neues Niveau ein, sie bringen für deinen Planeten den Wind der Veränderung mit sich.

Schau, wie ich die Erde in göttlichem Licht bade. In der Sprache des Lichts: ich schaffe eine Schwingung aus Harmonie und Freude und lasse sie zur Erde fließen.

Schau, wie sich die Erde auf dieses Licht einschwingt und ihre Energien mit dem strahlenden Prisma ihrer Ur-Substanz mischt.

Ich habe die Versammlung im Heiligtum veranlaßt, die Lichtenergie dieser Offenbarung mit dem kollektiven Be-

wußtsein der Menschheit zu mischen und das Schwingungsniveau des Geistes mit dem der Ur-Substanz in Resonanz zu
bringen."

* * *

Ich war zum bewußten Energiestrom geworden, der die
verwirrenden Labyrinthwege der Substanz durcheilte. Ein
gebündelter Energiestrahl floß vom Heiligtum durch mich
hindurch. Da wußte ich, daß unsere Übermittlung zur Erde
begonnen hatte.

In einer Explosion sanft-goldener Energie erfolgte eine
plötzliche Transformierung. Die Substanz erglühte in der
ersten der geometrischen Energieformen, die mich in das
klare Licht des achten Tempels begleitet hatten. Als diese
Energieform die Erde umarmte, bemerkte ich, daß unser
Planet in die Phasenverschiebung eintrat, von der das göttliche Wesen gesprochen hatte. Die Erde hatte die ersten Stufen
der Verschmelzung der sieben Sphären ihrer Substanz zu
einem einzigem zusammenhängendem System betreten.

Ich vibrierte vor Aufregung über diese Erkenntnis, als die
beiden violett strahlenden Engel erneut erschienen.

„John, noch einmal hüllen wir dich ein in unsere Präsenz.
Die Vereinigung unserer Energien wird die Anpassung zwischen der Erde und den im Heiligtum versammelten Wesen
intensivieren und vervollständigen.

Bald wirst du zurückkehren, denn sie haben dir noch mehr
zu geben. Aber jetzt, während die Erde die Umgestaltung in
ihrer Ur-Substanz zuläßt, mußt du die Vollendung deiner
Heilung annehmen."

Als ich mit phantastischer Geschwindigkeit durch die
transformierte Substanz wirbelte, kam ich wieder zu mir.
Eine Reihe grüner kristalliner Punkte der Lichtübermittlung
pulsierte in vollkommer Übereinstimmung, während mich
die Engel weiterhin an ihrer Weisheit teilhaben ließen:

„Die Erde muß Einigkeit als innere Eigenschaft wie auch als äußere Realität erkennen und erfahren. Wenn sich die Reiche des Lichts erst einmal in Einklang mit der Erde befinden und miteinander kommunizieren, werden sie sich endlich ihres gemeinsamen Ursprungs bewußt werden, und dieses Wissen wird sie zu einer Gemeinschaft vereinen.

Dann werden sich die stellaren Sphären mit der Erde verbinden und der Himmel wird nicht mehr so weit entfernt sein.

Einigkeit wird deinen Planeten reinigen und eine Welt aus Harmonie, Frieden und Liebe schaffen."

Die Ur-Substanz veränderte sich erneut und nahm die zweite geometrische Energieform an. Während der weiteren Übermittlung zur Erde durchströmte eine Bilderflut mein Inneres. Lichtwesen der zweiten Ebene antworteten, indem sie um den Planeten schwebten und ihre Strahlung durch funkelnde aquamarinfarbene Prismen zurück in die transformierte Substanz projizierten.

„Diese Lichtwesen sind von der himmlischen Energie geprägt, die jetzt in die elektrischen Felder der Erde abgegeben wird", erklärten meine beiden violett strahlenden Freunde. „Tief in seinem Inneren birgt dein Planet viele Schätze. Jetzt ist die Zeit für ihn gekommen, sie hervorzubringen."

Als sich die Substanz in die dritte geometrische Form transformierte, zauberte das Licht der Erde ein phantastisches Muster in dunklem Kobaltblau. Silbriges Licht aus dem Heiligtum floß durch mich hindurch in die Substanz und schuf eine Folge von Pulsationen aus Kobaltblau mit Gold. Eine Melodie aus drei klaren, durchdringenden Tönen wiederholte sich dreimal.

In der Form einer Spirale heranschwebend, brachten Lichtwesen aus der Unendlichkeit des Weltraums Gaben aus Licht und Liebe. Unzählige dieser Wesen kamen von der dritten Ebene, um mit ihrer Energie die grobstofflichen Bereiche der Erde zu speisen.

Dann verwandelte eine schnelle Folge rubinfarbener Pulsationen die Ur-Substanz in die vierte geometrische Form. Während durch das Muster violett strahlende Energie hereinbrach, pulsierte ein Wirrwarr aus Gittern in goldenem Glanz. Licht schoß durch mich hindurch in die Mitte der Substanz und hinterließ die Prägung eines komplexen Codes tiefer violettfarbener Funken.

Lichtwesen strömten von der Substanz weg, umringten den Planeten und übermittelten eine Variation des violetten Codes zu Knotenpunkten in der vierten Energieform.

* * *

Als nächstes transformierten Spiralen bernsteinfarbener Energie die Substanz in die fünfte geometrische Figur. Stahlblaue blitzende Pfeile entzündeten sich aus der Mitte und ließen die enorme Kraft erkennen, die die Erde beseelt.

Riesige stahlblaue Wesen schwebten durch den Kern der Substanz, die die Essenz der Erde stärkten und stützten. Mit ihnen gemeinsam erlebte ich die Realität der Transformierung der Erde und teilte mit ihnen die Freude, die die Menschheit bald kennenlernen wird. Zeuge zu sein beim Erwachen eines schlafenden Wesens wie der Erde, ist Grund genug für ein großes Fest. Aus den entfernten Abschnitten des Raums strömten viele Wesen herbei, um daran teilzunehmen.

Die Ur-Substanz wandelte sich erneut – in die sechste Energieform. Klares weißes Licht flackerte aus ihrer Mitte, zeichnete ein diamantenes Muster und verwob es wieder mit der Form. Dann begann es zu schwingen, und aus seiner Mitte löste sich ein Reigen regenbogenfarbener Wesen. Sie bildeten Gruppen und projizierten in die entsprechenden Bereiche der Substanz Strahlen der unterschiedlichsten Farben.

Plötzlich tauchten die violett strahlenden Engel wieder auf. „Diese Kinder des Lichts übertragen Energie von der sechsten Ebene zu Lichtwesen in der zweiten. Während die beiden

Gruppen die himmlische Energie dem Schwingungsniveau der Erde anpassen, arbeiten sie in völliger Harmonie miteinander.

Die sechste Ebene wird einen lebenswichtigen Dienst leisten, indem sie zur Heilung, Revitalisierung und Transmutation der Menschheit beiträgt – der siebten Sphäre der Erde."

Ein Energiestoß aus dem Heiligtum fuhr durch mich hindurch und bildete ein diamantfarbenes Licht um die Substanz, als sich diese in die siebte geometrische Form verwandelte.

Endlose Bilder und Gedankenformen zogen durch mein Bewußtsein. Die Erde empfing so viel tiefempfundene Liebe von den Wesen, die ihr dienten. Ich war überglücklich, eines von ihnen zu sein!

Erneut erschienen die beiden violett strahlenden Engel.

„Viele Aspekte der menschlichen Natur sind bisher unentdeckt und ungenutzt geblieben. Die Menschen werden jedoch bald die Unendlichkeit ihres Seins wahrnehmen und an der wunderbaren Transformierung teilnehmen, die ihr Heimatplanet erfährt.

Schenke den Menschen die Inspiration, damit sie die Erde als das heilige Wesen, das sie ist, lieben und segnen.

Erwecke die Menschheit, damit sie das Wunder dieses Augenblicks erlebt."

Die Substanz erglühte in einem funkelnden Pulsieren diamantenen Lichts. Ich wurde in die Mitte hineingezogen. Starke Vibrationen erschütterten meinen Körper. Die mächtige Energie, die durch mich hindurchströmte, schien jegliche Form und allen Raum aufzulösen.

Dann war die göttliche Präsenz wieder bei mir.

„Schau das Licht."

Meine Lichtessenz verwandelte sich in ein strahlendes Abbild des Mannes, der ich auf der Erde gewesen war. Ein Brunnen glitzernder Energie ergoß sich aus den Äthern und badete mich in seinem Glanz.

„Friede sei mit dir, mein Kind. Im Licht sind wir eins. Tritt herein in dieses Licht und werde eins mit mir!"

Ohne Zögern trat ich in den Lichtbrunnen. Die göttliche Präsenz nahm eine schimmernde Form an und folgte mir – der Energiefluß des Brunnens umschloß uns vollständig.

Durch die Berührung meiner Stirn brachte die göttliche Präsenz die Energie zur Ruhe und richtete einen Strahl klaren Lichts in jedes meiner Chakras. Eine Vielfalt von Bildern und Energien durchströmte mich, und als der Strahl das Herz-Chakra berührte, erlebte ich noch einmal meinen Tod wie einen Film.

Als die Bilder blasser wurden, spürte ich die Gegenwart meiner beiden Söhne. Ein süßer Augenblick der Erinnerung – und sie waren verschwunden.

„Schau das Licht meiner göttlichen Liebe.

Schau, ich bin die Welle der göttlich wirkenden Kraft, ständig in Bewegung. Ich bin das Leben schlechthin."

Die Energie dieser Worte breitete sich in meinem Inneren aus. Ich erlebte die lebendigen Universen aus Licht, wo Welten jeglicher Art durch die Unendlichkeit des Raumes tanzen.

„Siehe mein Erbarmen, wie es alles trägt. Spüre die Lebendigkeit meines Seins und laß zu, daß meine Freude sich auf ewig in dir verankert.

Meine Präsenz trägt die Schöpfung in der unendlichen Lichtwelle meines ewigen Seins – über Zeit und Raum: ICH BIN. Erinnere die Menschheit, der du jetzt dienst, daran: Im Licht sind wir eins."

Das göttliche Wesen und der Brunnen verschwanden in einer Explosion aus Licht.

* * *

(1) Ein eingebauter Widerstand im Sehnerv, der verhindert, daß Schwingungen, die über denen des Hauptlichtcodes liegen, passieren können. Zur Zeit kann der ‚normale' Sehnerv nur die Frequenzen des Hauptlichtcodes wahrnehmen.

Unsere gesamte Wissenschaft ist, an der Realität gemessen, primitiv und unreif.

Albert Einstein

6

Der elektrische Körper

Bei meiner Rückkehr ins Heiligtum empfing mich eine Woge freudiger Energie. Das Band, das mich mit dieser göttlichen Gesellschaft von Wesen verband, hatte sich jetzt, nachdem unsere Übermittlung begonnen hatte, noch mehr verstärkt.

Erneut traten die drei Baumeister der menschlichen Form auf.

„John, die Energie, die durch dich gebündelt worden ist, hat die Erde gestärkt und eine vollständige Umgestaltung in der Ur-Substanz erreicht. Das wird es ihr ermöglichen, die verschiedenen Ebenen ihres Seins miteinander zu verbinden.

Die jetzt von der Substanz übertragene Energie regt die Äther innerhalb des Solarsystems der Erde an, ihre unsichtbaren Begleiter preiszugeben. In dem Maße, wie sich das Sonnensystem ausdehnt, erhöht sich die Zahl der Schwingungsniveaus, die auf der Erde erfahren werden und zum Ausdruck gelangen können. Das visuelle Spektrum entfaltet sich, um diese höheren Lichtfrequenzen zu empfangen. Die Menschen werden nicht länger blind sein gegenüber dem strahlenden Spektrum des Lebens, das sie umgibt.

So wie wir der Erde gedient haben, werden wir jetzt der Menschheit dienen – der höchstentwickelten Rasse. Auf jedem Planeten haben Angehörige der dort lebenden stärksten Rasse die angeborene Fähigkeit, die Vollkommenheit der göttlichen Präsenz in ihrem Wesen zu erfahren. Sobald sie sich dieser Fähigkeit bewußt werden, erhalten sie freien Zugang zu den unendlichen Bereichen der Schöpfung. Die einzigen Beschränkungen, die für den Menschen gelten, sind

die, die sie sich selbst auferlegen – schließlich wurden sie
‚Ihm zum Bilde' geschaffen."

Ich fragte mich, wieviele Menschen mit dieser Gabe würden umgehen können.

„Jeder Aspekt der menschlichen Handlung beeinflußt deinen Planeten. Was ihr ‚Zivilisation' nennt, ist immer mit den
Umgestaltungen der Erde verbunden. Die Menschen haben
nicht nur die Erde durch ihre Präsenz verändert, sondern sie
sind auch durch die Erde verändert worden – und das wird
so weitergehen.

In Übereinstimmung mit der gegenseitigen Umgestaltung
und im Einklang mit der Energie, die unsere Versammlung
in die Ur- Substanz übertragen hat, werden wir jetzt beim
Menschengeschlecht tieferes Verständnis und Bewußtwer-
den seiner wahren Natur wecken.

Während wir über dich Licht in das Energiefeld der
Menschheit übertragen, werden Lichtcodes, die in der Zell-
struktur des Menschen magnetisch versiegelt sind, in die
physischen Gewebe freigegeben. Diese Lichtcodes beseitigen
die Illusion der Trennung, die den größten Teil deiner Mitmenschen gelähmt hat. Wenn sie den Sinn ihres Seins und
ihre Vollkommenheit begreifen, werden sich die Ängste, die
sie zu Sklaven gemacht haben, im Licht ihrer eigenen Strahlung auflösen."

Die drei Baumeister kamen näher, und als die Gruppe der
hier versammelten Wesen einen Ring um uns vier bildete,
schwappte eine Energiewelle durch meinen Lichtkörper.

„Der menschliche Körper ist ein komplexes und hochsen-
sitives elektrisches Instrument", fuhren sie fort. „Er ist dazu
bestimmt, Schwingungen verschiedener Frequenzen zu
empfangen und weiterzuleiten – ein Vehikel für die Erfahrung und den Ausdruck der Seele in den physischen Welten.

Die meisten deiner Mitmenschen haben sich bisher nur als
physische Form wahrgenommen, für einen kurzen Augenblick eingehüllt in den Grenzen einer Welt, die fern und

getrennt zu sein scheint. Bald wird die Erde und jede Lebensform, die mit ihr schwingt, diese Wahrnehmung der Realität
nicht länger hinnehmen. In einem großartigen Augenblick
des Erwachens werden sich alle Menschen zusammenschlie-
ßen."

* * *

„Kosmische Energie, die in die Erdatmosphäre freigegeben
wird, ist die Grundschwingung, die die innere Umgestaltung
der Menschheit tragen und vervollkommnen wird.

Seit ihrem ersten Besuch auf der Erde haben mächtige
stellare Wesen der menschlichen Rasse gedient. Die Energien, mit denen sie deinen Planet versorgt haben, haben die
Menschheit durch eine große Zahl von Schwingungsverän-
derungen geführt. Alle Zivilisationen auf der Erde haben
ihren Einfluß gespürt, und jedes menschliche Wesen hat
allein durch ihr Licht gelebt.

Jetzt wird die Erde darauf vorbereitet, Energien zu empfangen, die von diesen stellaren Wesen in gebündelter Form
ausgehen und eine Schwingungsbrücke zu den Sphären des
Lichts bauen werden, die das Menschengeschlecht noch nicht
wahrgenommen hat.

Wenn die Umgestaltung, die die Ur-Substanz erfährt, abgeschlossen ist, werden fünf neue Lichtfrequenzen enthüllt
werden. Diese neuen Frequenzen werden bei der Erhöhung
des Schwingungsniveaus des menschlichen Körpers große
Dienste leisten, damit diese die Stelle passieren können, die
als Hauptlichtschwelle bezeichnet wird. Als Folge erlangen
die physischen Gewebe die Fähigkeit, das Licht der göttlichen Präsenz zu ertragen und zu übertragen. Dann kann der
physische Körper Zeit und Raum überschreiten."

Die drei Baumeister fuhren fort:

„Das Energiesystem der Erde wird neu gestaltet, um es auf
das neue System der zwölf Frequenzen einzustellen. (1) Da
sich die Ur-Substanz diesen Frequenzen anpaßt, werden die

Menschen die elektrischen Felder, die die Erde umgeben und somit die Menschheit einen, wahrnehmen können.

Auch die Ur-Substanz der Menschheit wird geändert, damit neue elektrische Parameter für das Menschengeschlecht geschaffen werden können. Diese Substanz stellt ein einheitliches elektrisches Muster dar und bildet das Muster der gesamten Menschheit. Die elektrische Schwingung der menschlichen Ur-Substanz ist als das Kollektivbewußtsein bekannt. (2)

Die stärkste Konzentration dieser transformativen Energien findet sich sowohl im Bewußtsein des einzelnen als auch im Kollektivbewußtsein aller.

Lichtenergie, die durch den Geist fließt, verändert das Gewebe des Gehirns, und als Folge verändert sich der gesamte physische Körper.

Das Gehirn ist nichts anderes als ein Instrument der Wahrnehmung, das von der Seele benutzt wird, um Informationen zu empfangen und weiterzugeben. Wissen kann nur die Seele. Sobald der Mensch zuläßt, daß sich die Energie seiner Seele bündelt und durch den Verstand zum Ausdruck gelangt, beherrscht er seine Umgebung und kann den Elementen befehlen, sich ihm unterzuordnen. Einige der Erdbewohner haben die elektrische Eigenschaft des Kosmos völlig verstanden. Sie beherrschen die Transformierung der Materie. Die Wunder dieser einzelnen haben die Ausdrucksmöglichkeit des Menschen stark verändert.

Wenn die Menschheit die Bedeutung des Lichts in ihrer Gesamtheit versteht und zuläßt, daß dieses ihren Geist erhellt, dann wird sie durch gedankliche Impulse handeln können – so, wie die göttliche Präsenz die Universen aus Licht geschaffen hat. Kein Zeitalter in der Geschichte deines Planeten hat etwas so Großartiges erlebt."

* * *

„Das Menschengeschlecht ist mit der elektrischen Essenz der Erde in einer Art und Weise verwoben, die es noch nicht verstanden hat. Jede Phase der Erdumgestaltung wird von der Menschheit gleichermaßen erlebt.

Alle sieben Körper der Erde schwingen im Einklang mit den sieben Chakras und Energiefeldern (Aura) des menschlichen Wesens.

Wenn das siebte Siegel der Erdenergie auf einem höheren Schwingungsniveau zu vibrieren beginnt, so geschieht dasselbe mit dem siebten Siegel des menschlichen Energiefelds, dem Scheitel-Chakra. Die neue Frequenz dieses Chakras wird dann mit dem achten Energiefeld, das den physischen Körper umgibt, mitschwingen. Durch diese Verbindung werden Energieströme vom achten Energiezentrum oberhalb des Kopfes in die Körpergewebe freigegeben.

Magnetische Grenzflächen im menschlichen Gehirn, die die Erfahrung des individuellen Bewußtseins begünstigt haben, werden dann in der Lage sein, direkt mit dem göttlichen Geist eine Verbindung einzugehen. Die Menschen haben die Welt der Sinne und die Vielfältigkeit der physischen Form erlebt; bald, wenn sie ihr Einssein mit der Schöpfung begreifen, werden sie Welten jenseits der physischen Sinne erkennen."

* * *

„Da wir drei die Essenz des göttlichen Geistes sind, der die menschliche Form ursprünglich entworfen hat, ist es jetzt unsere Aufgabe, ihre Transformierung durchzuführen.

Wir ändern das zentrale Nervensystem des menschlichen Körpers, indem wir sein elektrisches System umstrukturieren, um alle zwölf Frequenzen der Lichtschwingung aufnehmen zu können. Danach kann die Menschheit die Umgestaltung, die die Erde durchgemacht hat, gleichermaßen erleben.

Die stellaren Energien aktivieren jetzt die Lichtcodes, die im menschlichen Energiesystem angelegt sind, die als DNS bekannte Substanz in Schwingung zu versetzen. Die DNS wird dann an der Umstrukturierung des physischen Körpers beteiligt sein. Dadurch wird auch das zentrale Nervensystem befähigt, auf die Schwingungsfrequenzen, die wir übermitteln, zu reagieren.

Die sieben Schwingungsfrequenzen des physischen Körpers sind eines der größten Mysterien, das die Menschheit noch entdecken wird. Diese Frequenzen sind in derselben Art und Weise im elektrischen Kern der Seele verwoben, wie die sieben Ebenen mit der Erd-Substanz verwoben sind. Sie bilden den Lichtkörper – die Aura oder das menschliche Energiefeld –, der der Seele Glanz verleiht.

Durch den Ausdruck dieser Frequenzen existiert der menschliche Körper auf sieben verschiedenen Ebenen des Zwecks und der Funktion. Die Menschheit ist sich dieser Ebenen noch nicht bewußt geworden; viele Aspekte des physischen Körpers sind ihr daher noch unbekannt.

Wie du weißt, war das Kronenchakra (siebtes Energiezentrum) bisher der Brennpunkt, durch den die Seele göttliche Energie empfangen und weitergegeben hat. Durch die beschriebenen Veränderungen jedoch wird diese Fähigkeit direkt in den Kern jeder Zelle gelegt.

Lichtimpulse, die durch den Übermittlungspunkt der DNS schwingen, strukturieren jede Zelle neu, damit sich diese der göttlichen Energie ohne Hilfe durch die benachbarten elektrischen Felder anpassen kann. Die Drüsen und Organe im physischen Körper werden ebenfalls umstrukturiert, damit sie an der neuen elektrischen Realität teilhaben können.

Das elektrische Schwingungsniveau des gesamten menschlichen Körpers wird erhöht. Das bedeutet: Alle sieben Ebenen des Energiefelds werden harmonisiert und jede Zelle in die Lage versetzt, sich jeder Frequenz der Lichtschwingung anzupassen."

Bedeutete das, die Menschen würden wie diese Lichtwesen glühen...?

„Diese Übermittlung ist eine lebenswichtige Brücke aus Licht, die mit großer Sorgfalt vorbereitet worden ist. In Tausenden von Jahren ist die Erde von der Göttlichen Präsenz versorgt worden als Vorbereitung auf dieses Ereignis. Viele Male hat der göttliche Geist sein Licht in den menschlichen

Geist gestrahlt und die Menschheit durch einen aus ihrer Mitte inspiriert. Diese erleuchteten Individuen haben die Menschheit in Augenblicken großer Veränderung auf vielfältigste Art und Weise beeinflußt und sie zu einem ständig wachsenden Bewußtsein für das Leben angeregt.

Genau dasselbe geschieht jetzt mit der Übermittlung, die zur Erde erfolgt. Die Inspiration, die in die Ur-Substanz der menschlichen Rasse fließt, wird die gesamte Menschheit vereinen. Sobald sich die Menschen der höheren Sphären des Lichts bewußt geworden sind, werden sie bereit sein, gemeinsam mit der Erde in die Endphase dieser Umgestaltung zu treten.

Nun, John, mit der Hilfe eines jeden der hier Versammelten werden wir unsere Energie durch dich bündeln, um den Erdenmenschen zu erreichen, der diese Information aufzeichnet. Damit er in größerem Einklang mit unserer Energiepräsenz schwingen kann, müssen die zwölf Frequenzen in seinem Körper ausgeglichen werden. Es ist von größter Wichtigkeit, daß während der Durchführung unserer Übermittlung eine klare Verbindung aufrechterhalten wird."

Eine mächtige Energiewelle trieb mich in ein riesiges Netz pulsierender Lichter. Als mich die Energie aus dem Heiligtum durchströmte, fühlte ich eine innige Verbindung mit der Seele der Erde.

Eine stark gebündelte Energie-Pulsation ging durch mich hindurch und traf den Mann auf der Erde, und ich sah, wie sich in seinem physischen Körper ein strahlendes Muster bildete. Spiralen blauen Lichts flossen in die entsprechenden Punkte in seinem Körper und schufen ein starke elektrische Verbindung zwischen uns beiden – es war eine faszinierende Wechselwirkung!

* * *

Plötzlich war ich wieder bei den beiden violett strahlenden Engeln im Heiligtum. Aus ihren Formen floß bernsteingoldene Energie, und ihre Kopfbänder pulsierten anders als zuvor.

Als sich ihre Energie mit der meinigen vereinigte, wurde mir klar, daß ich mit ihrer Hilfe die Enthüllung der fünf neuen Lichtsphären innerhalb der Ur-Substanz erleben würde. Gleichzeitig wußte ich, daß diese Sphären die Erde in manigfaltiger Weise beeinflussen würden.

Die Versammlung sandte einen einzigen gebündelten Gedanken in mein Bewußtsein:

„Die Endphase unserer Übermittlung ist im Gang, und die Transformierung der Erde ist beinahe abgeschlossen.

Du hast der Menschheit einen großen Dienst erwiesen. Friede sei mit dir."

* * *

(1) Die sieben ursprünglichen Frequenzen der Erde zusammen mit den fünf neuen.

(2) Der gemeinsame Bereich des von der gesamten Menschheit gesammelten Bewußtseins. Das Kollektivbewußtsein durchdringt und vereinigt die Menschheit, so daß Informationen von allen Mitgliedern geteilt werden können. (Die meisten Menschen sind sich dieser Gemeinsamkeit nicht bewußt).

104

Alice lachte. „Es zu versuchen, hat gar keinen Sinn", sagte sie. „Unmögliches kann man nicht glauben."
„Du hast wohl noch nicht viel Übung darin", antwortete die Königin. „Als ich in deinem Alter war, habe ich es jeden Tag jeweils für eine halbe Stunde geübt. Manchmal habe ich schon vor dem Frühstück nicht weniger als sechs unmögliche Dinge geglaubt."

Lewis Carroll

7

Aufsteigen:
Das Schicksal der Menschheit

Das Heiligtum vibrierte vor Aktivität. Meine violett strahlenden Freunde hatten eine große Schar Engel herbeigerufen, die uns in einer kunstvoll vollendeten Spirale aus Farbe umringten. Zuerst schimmerte sie in goldenem Bernsteingelb, dann in demselben Kobaltblau, das durch meinen Körper hindurch zur Erde geströmt war.

Die violett strahlenden Engel erklärten:

„Für die Schlußphase unserer Übermittlung ist jede der unsichtbaren Ebenen der Erde von entscheidender Bedeutung. In der Spirale findet sich jede dieser Ebenen wieder. Sie enthalten Lichtcodes, mit denen Schätze freigegeben werden, die lange in den verborgenen Regionen der Erde geschlummert haben. Diese Schlüssel ergänzen die Verbindung zu den Energieübermittlungen, die durch stellare Wesen in die Ur-Substanz gebündelt werden."

Goldene Partikel aus dem Heiligtum flossen in die blauen Spiralen, die sich um den Mann auf der Erde drehten. Sie badeten seine Gewebe und strömten dann auseinander, indem sie das Muster, das seinen Körper umgab, auf die Oberfläche der Erde duplizierten. Ein schwaches violettes Licht pulsierte an diesen Punkten, die den Eingang zum Planeten darstellten.

„Unsere Übermittlungsenergie wird der höchstmöglichen Frequenz angepaßt, die für eine Schwingungsverbindung mit der Erde möglich ist", fuhren die Engel fort.

„Viele Wesen in anderen Welten warten auf ein Zeichen, um mit der schwierigen Aufgabe zu beginnen, deinen Planeten direkt zu unterstützen. Durch spezielle Lichtcodes zur Gitter-Übertragung (1) haben wir eine Brücke zwischen diesen Welten und der Erde geschaffen. Die Knotenpunkte des Gittersystems der Erde schwingen in Resonanz mit denen der anderen Welten, so daß sich Energiewellen frei zwischen beiden Bereichen bewegen können. Dieses Wechselspiel ist notwendig, damit die anderen Welten der Erde helfen können.

Wir sind jetzt bereit, die fünf neuen Frequenzen zu verankern. Sie werden innerhalb der Knotenpunkte der Erde zurückgehalten, bis die Angleichung an das elektrische System des Erdenmannes abgeschlossen ist. Dann werden sie in das Gitternetzwerk freigelassen, um sich mit den einheitlichen elektrischen Mustern der Menschen und des Planeten zu mischen. Die Gitter-Übertragungs-Lichtcodes werden eine Kommunikation mit allen zwölf Schwingungsniveaus auf der Erde einleiten."

*　*　*

Die Spirale der uns umringenden Engel drehte sich noch schneller. In bernsteinfarbene Energie eingebettet, sahen sich meine beiden violett strahlenden Freunde an und begannen, schnell zu vibrieren. Währenddessen bildeten sich Schichten aus Lichtpartikeln um die beiden und verschmolzen zu einer strahlenden Diamanthülle. Energie strömte durch mich in die Spirale der Engel, wurde reflektiert und kristallisierte sich um uns zu einem goldenen Juwel.

Ein Hochfrequenz-Ton löste sich von den beiden Engeln. Als sie ihre Köpfe nach hinten beugten, traten aus ihren Augen violett flimmernde Laserstrahlen aus, die in der Nähe des Facettenteils des Kristalls in einer Spitze zusammenliefen.

Energiewellen stiegen bis zu ihnen hinauf, strömten aus der Spitze, durch die Facetten des Kristalls und in die Spirale der Engel. Dann wurde die Energie in die Ur-Substanz übertragen.

Auf diese Weise wurden fünf mächtige Energieimpulse übertragen, und jeder veränderte die Farbe der Energie, die die Spirale zusammenhielt. Obwohl ich diese Farben nie zuvor gesehen hatte, ahnte ich, welche Veränderungen jede von ihnen in der Substanz bewirkte. Während die Energie in den Knotenpunkten des Gittersystems der Erde gespeichert wurde, weitete sich mit jedem Impuls mein Bewußtsein, um den Planeten zu umarmen.

Schließlich lösten die violett strahlenden Engel ihre Laserverbindung, und die Übermittlung war zu Ende.

„Diese Ströme sind jetzt fest verankert und dem Planeten angeglichen worden, die Übermittlungsfolge ist im Gang. Wir werden zur Erde zurückkehren, wo du die vielen Stufen ihrer Umgestaltung direkt erleben wirst. Über die Übermittlungspunkte, die deine Essenz mit der seinen verbinden, wirst du deine Erlebnisse mit dem Erdenmann teilen. Große Sorgfalt ist angebracht, um die Genauigkeit unserer Übermittlung zu gewährleisten, da es oft schwierig ist, diese Realitäten in die derzeitigen Erdensprachen zu übertragen.

Die Menschen nähern sich einem mentalen und verbalen Schmelzpunkt. Wenn diese neuen Frequenzen erst in die menschliche Erfahrung eingeflossen sind, werden sich ihre Kommunikationsmethoden völlig verändern.

Bald wird elektronisch kodierte Information in das Gittersystem der Erde freigegeben werden, um sich mit der elektrischen Essenz der Menschheit zu vermischen. Hirnnerven, die nur für diesen Zweck bestimmt sind (2), werden die erste Verbindung zum physischen Körper sein. Diese Nerven empfangen die Informationscodes und sammeln sie in der Hirnanhangdrüse, wo sie auf die physische Gewebe übertragen werden. Dann wird der gesamte Körper direkten Zugang zu den Informationsströmen haben, was die Entwicklung der Menschheit zu höheren Bewußtseins- und Handlungsebenen hin beschleunigen wird.

Denk daran, John, in einem Akt bewußter Anpassung an ihre Ur-Substanz hat die Menschheit die Erde als Heim gewählt. Die hereinströmende Intelligenz hat die vielschichtige Natur der Erde voll und ganz begriffen und ihr inneres Stadium der Vorbereitung entsprechend berücksichtigt.
Damals wurde eine Abstimmung auf die Substanz eingerichtet, um die Kommunikation zwischen der Menschheit und den höheren Schwingungsniveaus der Erde zu gegebener Zeit zu erleichtern. Das vor so langer Zeit geplante Ereignis, das auf der bewußten Ebene vergessen war, findet jetzt allmählich statt."
Ich erinnerte mich! Tief in meiner unbewußten Verbindung mit dem Kollektivbewußtsein hatte ich es gewußt. Kein Wunder, daß ich so große Freude verspürte, als ich mich mit dem Bewußtsein der Erde verband.
Die beiden Engel fuhren fort:
„Das Energiegitter wird zur Zeit umstrukturiert, um den ersten Abschnitt unserer Übermittlung zu empfangen. Die Übermittlung der Lichtcodes löst die Frequenzen auf, die sich getrennt und die verschiedenen Energiekörper der Erde bestimmt haben. Bald werden sich alle Ebenen in einen einzigen einheitlichen Ausdruck des Göttlichen Geistes mischen."

* * *

„Wir haben uns mit der Menschheit durch eine höhere Schwingung des Mannes, der unsere Gedanken aufzeichnet, verbunden, um dem Erdenvolk zu helfen, die Geschehnisse leichter zu verstehen."
Die Energie, die aus dem Körper des Mannes floß, hatte sich verändert. Als sich unsere Frequenzen mischten, bekam ich direkten Kontakt zu dem, was wir als sein ‚Höheres Selbst' bezeichnen würden.

„Ich grüße dich, John. Die Vielschichtigkeit der Schluß-
übermittlungsphase erfordert eine bewußte Verbindung
zwischen dir und der Menschheit. Ich bin die Resonanzbrük-
ke, die dabei helfen wird."

Ich machte eine Pause, um mir der Bedeutung unserer
Verbindung voll bewußt zu werden.

„Die Menschheit wird zu einer aus acht Ebenen bestehenden Essenz", fügten die violett strahlenden Engel hinzu. „Mit
der nächsten Übermittlungsfolge wird die dreifache Polarität
des menschlichen Geistes zu einer einzigen einheitlichen Be-
wußtheit gebündelt.

Die erste der fünf neuen Frequenzen wird sich mit den
sieben Energiefeldern des Menschen mischen. Gleichzeitig
werden neue Lichtstrukturcodes von den höheren Frequenzbereichen des Planeten übertragen werden. Diese neuen
Schwingungsniveaus werden in die physischen Gewebe der
Erde und Menschheit verankert und setzen eine entscheiden-
de Reihe von Ereignissen in Gang.

**Neue Wissenschaften und Fähigkeiten werden es den
Menschen ermöglichen, ihr gemeinsames Bewußtsein di-
rekt mit dem Bewußtsein der Erde und deren unsichtbaren
Energiekörpern zu verbinden.** Diese Vereinigung ist für die
Dienste, die die Erde und ihre Bevölkerung dem Universum
leisten werden, von großer Bedeutung."

* * *

Energiekugeln tanzten um mich herum und zauberten
wunderschöne Muster – sie glitzerten wie Juwelen unter
leicht bewegtem Wasser. Wellen sich ständig mischender
Farben bildeten an den Stellen, wo sich die Energien über-
schnitten, Kondensationspunkte. Dann erfolgte eine fast un-
merkliche Verwandlung – die Kugeln wurden allmählich zu
zentralen Strahlungspunkten innerhalb der Formen feiner,
feengleicher Wesen.

Als sich die Formen der Feenwesen stärker herauskristal-
lisierten, spürte ich eine sanfte, liebevolle Präsenz, die sich

bemühte, mein Bewußtsein zu teilen. Die violett strahlenden Engel halfen, meinen Fokus zu verstärken, und plötzlich war ich mit der Erde selbst verbunden.

Vor Freude schrie ich auf: „Meine Mutter Erde!" Ich erkannte sie wieder, aber in einer Weise, wie nie zuvor – als eine auserlesene Symphonie aus Tönen.

„Etanali, mein Geliebter! Etanali! Wie wunderbar, dir meine Gedanken in einer Sprache vermitteln zu können, die du verstehst!

Bist du überrascht, daß es Gedanken gibt, die ich mit dir teilen möchte? So, wie ein Mensch mehr ist als nur sein physischer Körper, bin auch ich mehr als nur Materie.

Viele deiner Mitmenschen haben gehört, wie ich direkt zu ihnen gesprochen habe, und noch mehr haben mich durch eine meiner geliebten Gedankenformen sprechen gehört.

Ja, John, diese kleinen leuchtenden Wesen sind Gedankenformen, die ich mit Energieimpulsen meines Geistes geschaffen habe. Sie dienen mir in jedem Bereich meines Wesens und erfüllen auf jeder meiner Ebenen lebenswichtige Aufgaben.

Die Menschheit wird mit den solaren und stellaren Energien, die meine Nahrung sind, durch die liebevolle Hilfe dieser strahlenden kleinen Wesen versorgt. Viele Menschen haben sie gesehen, aber nur wenige sind sich ihrer Funktion bewußt. Bald werden sich die Feen, wie ihr sie nennt, zu erkennen geben, und die alten Brunnen werden wieder zu sprudeln beginnen.

Wir treten jetzt in die Anfangsphase einer Serie von Ereignissen, die all' meine Energiesphären in den einheitlichen Ausdruck göttlicher Liebe tauchen werden. Es ist von entscheidender Bedeutung, daß die Menschen mit mir bewußt zusammenarbeiten. Nur dann werden wir unser gemeinsames Schicksal erfüllen.

Solarenergien wecken die schlafenden Fähigkeiten in den Menschen, und sie werden bald in der Lage sein, den lebenden schöpferischen Äthern direkt zu begegnen. Dann werden die alten Gedankenformen von Sünde und Trennung transformiert werden, mein physischer Körper wird von allen Verunreinigungen gesäubert und das Erdenvolk wird die ursprüngliche Schönheit meiner Ur-Form erfahren.

In meiner physischen Struktur kristallisieren sich jetzt dynamische Energien; sie werden die Angleichung der Schwingungsniveaus vornehmen, die für meine erneute direkte Kommunikation mit der Menschheit erforderlich ist. Wie sich mein Herz nach einer neuen bewußten liebenden Verbindung mit all meinen Kindern sehnt!"

Das brachte mich auf einen interessanten Gedanken... was für ein Erlebnis wäre es, auf Mutter Erde spazierenzugehen und sich gleichzeitig mit ihr zu unterhalten.

* * *

Als ich ins Heiligtum zurückkehrte, waren meine violett strahlenden Freunde ebenfalls dort.

„Wir haben die notwendige Angleichung zwischen der Erde und der Menschheit abgeschlossen. Wir werden dich jetzt zu dem solaren Wesen begleiten, das für die Erde sorgt, den Menschen als ‚Sonne' bekannt. Dieses wundervolle Wesen wird dich und alle Menschen in eine neue solare Realität einweihen.

Wir haben dich geliebt und uns in vielfältiger Weise um dich gekümmert. Wir haben dich durch viele Erlebnisse geleitet und dich an Visionen des Paradieses, das kommen wird, teilhaben lassen. Wenn du deine Reise fortsetzt, wirst du spüren, daß wir eins sind, und wir werden auch weiterhin an deinen Entdeckungen teilhaben. Und, John, da wir auch Mutter Erde und ihre Völker lieben, wird deine Liebe in Verbindung mit der unsrigen weitergegeben."

Wellen aus Gold gingen in Impulsen von den beiden Engeln aus und verwandelten sich in eine strahlende Pfirsichfarbe, von Blitzen netzartig durchzogen.

Die Blitze formierten sich zu Spiralen und zogen mich mit unbändiger Kraft in ihre Mitte. Schneller und schneller wirbelte ich im flirrenden Netz herum, bis sich die Spiralen in einer Explosion diamantenen Lichts auflösten. Ich fühlte mich zeitlos. Nach wie vor spürte ich die starke Energie, konnte sie jedoch nicht mehr direkt erleben.

Langsam gelang es mir, meinen Fokus innerhalb des Glanzes zurückzugewinnen. Lichtfetzen schossen durch mich hindurch, als sich eine mächtige Präsenz mit meinem Bewußtsein verband. Es war das Solarwesen.

Anstatt des brennenden Ballons aus Gas, den ich erwartet hatte, wurde ich in Liebe eingehüllt, die so mächtig und rein war, daß sie den Raum durchdrang und sich mit allen Wesen in seiner Obhut verband.

Ich war Zeuge, wie sich der Sonnen-Atem um die Erde legte und sie in ein Strahlungsnetz aus Juwelen einwickelte. Millionen von Gedankenformen bewegten sich im Rhythmus des Ein- und Ausatmens, in einem periodischen Austausch zwischen Sonne und Erde, Vater und Mutter, Mann und Frau.

„Sei gegrüßt, mein Kind. Ich bin die Hülle aus Licht, die die Erde stärkt. Mein Wunsch, deinen Planeten zu umarmen, hat die strahlenden Gedankenformen geschaffen, die, wie du siehst, sich auf die Erde zubewegen.

Viele deiner Mitmenschen, die über die Gabe der Vision verfügen, haben meine Präsenz als himmlisches Wesen erfahren. Sie haben meine Weisheit mit der Erde geteilt und dazu beigetragen, die Brücke aus Licht zu bauen, die es der Erde ermöglicht, jetzt die Energie der Sterne direkt zu empfangen.

Die stellaren Wesen, die seit Ewigkeiten mit mir kommuniziert haben, stehen jetzt in direkter Verbindung mit der Menschheit. Die Pulsationen der Erdenergie werden verändert, so daß diese Wesen ihre Energien zu einem völlig neuen Muster in der Ur-Substanz mischen können.

Gedankenimpulse von größerer Bedeutung, die die Menschheit noch nicht erfassen kann, ändern das Schwingungsniveau meiner Energiepulsationen. Schließlich wird jeder Planet in meinem System eine eigene innere Umgestaltung erfahren.

Die Menschen haben diese Planetenansammlung ‚Sonnensystem' genannt, aber sie haben nur einen Bruchteil des komplizierten Austauschs von Energien zwischen anderen Welten und ihrer eigenen verstanden. Mit den Energien, die jetzt von den stellaren Wesen auf die Erde geschickt werden, wird die Menschheit in der Lage sein, ihre wahre Beziehung zu den anderen Planeten zu erkennen.

Der physische Körper ist dabei, sich dem neuen Fokus der Menschheit anzupassen. In den Geweben gespeicherte Energie wird freigegeben, so daß sie den ganzen Körper versorgen kann, wodurch die Wechselwirkung vieler bestehender Organe verändert wird und neu geschaffene Energieaustauschzentren aktiviert werden. Diese Zentren werden durch das Solarzentrum des menschlichen Herzens (3) eine Wechselbeziehung mit den höheren Schwingungsniveaus der Erde eingehen.

Eine Lichtmischung im Herzen des Menschen wird das Sonnengeflecht mit neuen Solarsubstanzen in Einklang bringen. Diese Substanzen stammen aus den höheren Frequenzbereichen der Erde, wo sie ausgeglichen und für die menschliche Anpassung vorbereitet wurden. Dieser Austausch erleichtert eine ebenso wichtige Veränderung in der atomaren Struktur des Bluts.

Blut dient dem Körper auf vielfache Weise, unter anderem reinigt es die emotionalen Zentren. Aufgabe dieser Zentren ist es, Energiewellen, die die Substanz jeder menschlichen Regung tragen, zu empfangen und weiterzuleiten.

Die Wellenmuster bestimmter Emotionen setzen sich in den Geweben fest, die die emotionalen Zentren umgeben, und führen zu zerstörerischen Energieblockaden. Blut, das durch dieses Gewebe fließt, überträgt in hohen Frequenzen schwingende Lichtimpulse, die dazu beitragen, die Blockade zu beseitigen.

Bald wird sich das elektrische System des Menschen mit dem entsprechenden System von Mutter Erde auf völlig neue Weise verbinden, so daß diese Blockaden nicht mehr entstehen können. Das Blut kann den Körper dann viel besser versorgen, indem es hoch schwingende Energien aufnimmt und sie den Geweben zugänglich macht. **Damit kann jede Zelle den Fluß der göttlichen Energie direkt empfangen und weitergeben.**

Die göttliche Präsenz ist zugleich überall und gelangt in einer Vielzahl von Möglichkeiten zum Ausdruck, um die vielen Daseinsebenen zu schaffen.

Du wirst den Schöpfer bald direkt schauen, denn du bist dazu auserwählt, den Menschen zu helfen, göttlichen Eigenschaften, die bisher nur wenige Menschen erfahren haben, Ausdruck zu verleihen. Aber zuerst muß dein Schwingungsniveau erhöht werden. Himmlische Wesen sind gekommen, um dich auf diese Übermittlung vorzubereiten.

Ich bin der Ausdruck göttlicher Liebe, der die Erde stärkt."

Diese Worte durchdrangen mich in einem wie Diamanten strahlenden Energiestoß. Als sich mein Bewußtsein in dem leuchtenden Glanz auflöste, wurde ich das Licht.

* * *

Plötzlich war die Luft mit köstlicher Musik erfüllt. Für einen kurzen Augenblick erlebte ich die Erde in ihrer Gesamtheit und die sich vollziehende Umgestaltung in ihrer Großartigkeit. Dann war ich wieder in der Präsenz des solaren Wesens.

„Ich umarme dich, mein Kind. Unsere Begegnung geht ihrem Ende entgegen. Ein mächtiges stellares Wesen, das der Menschheit seit Ewigkeiten gedient hat, wartet darauf, mit ihr direkt Verbindung aufzunehmen. Aber bevor du diese Gnade erleben darfst, möchte ich den Menschen noch eine weitere Information übermitteln.

Die derzeitige Umgestaltung der Erde ist Teil eines göttlichen Plans. In Millionen von Jahren gesammelte Aktivität hat die Erde auf dieses Ereignis vorbereitet. Viele scheinbar beziehungslose Beiträge, wie etwa die Musik, die du zu Lebzeiten auf der Erde geschaffen hast, haben zu diesem Moment geführt.

Bald wird der Emotionalkörper in der Lage sein, höher schwingende Lichtcodes zu übertragen, so daß sich die solare Strahlung direkt durch die physischen Gewebe ausdrücken kann. Einige der musikalischen Kompositionen, die in der letzten Zeit auf der Erde entstanden sind, haben diese Fähigkeit unterstützt und werden sie in Kürze noch verstärken.

Du wirst auf dem Planeten Erde an einer neuen Ausdrucksform der Musik teilhaben. Um die wahre Bedeutung dessen jedoch völlig begreifen zu können, müssen die Menschen zuerst ihr eigenes multidimensionales Wesen erkennen.

Göttliche Strahlung hat begonnen, den gesamten Planeten zu erleuchten, und der Augenblick ist nahe, in dem jedes Geschlecht jeder Sphäre die Wahrheit erkennen wird:

IM LICHT SIND WIR EINS."

* * *

(1) Die miteinander verbundenen Lichtcodes zwischen den Energiegittern der sieben Ebenen auf der Erde. Wenn das neue Gittersystem eingesetzt ist, werden sie die Kommunikation zwischen den verschiedenen Bereichen der Erde erleichtern. Diese Codes werden auch den Übergang der Erde in die neue dimensionale Realität und Sternengruppierung steuern.

(2) Hirnnerven nehmen alle Informationen der Sinne auf, einschließlich Sehen, Hören, Schmecken und Riechen.

(3) Ein physischer Ort im menschlichen Herzen, wo Lichtimpulse der Sonne das Freiwerden von Energie im ganzen Körper auslöst. Das Blut setzt diese Energie zum Heilen und zur Wiederbelebung des Körpers ein.

„Ewige Harmonie ist die Harmonie des Bewußt-
seins ... alles lebt und bewegt sich in ihr;
dennoch bleibt sie fern, ungestört und friedlich.
Das ist der Gott des Gläubigen und der Gott
des Wissenden. Alle Schwingungen, von der
feinsten bis zur gröbsten, werden durch diese
Harmonie zusammengehalten ... Schöpfung wie
auch Zerstörung geschehen, um diese
Harmonie im Gleichgewicht zu halten. Ihre
Macht zieht letztlich jedes Wesen zum
immerwährenden Frieden."

Hazrat Inayat Khan

8

Himmel:
Das ewige Königreich

Wellen strahlenden Lichts gingen von der solaren Wesenheit aus, und ich konnte die himmlischen Wesen, die sich in der Nähe der Sonne sammelten, wahrnehmen.

Es gelang mir nicht, mich völlig mit ihrer Lichtessenz zu verbinden, aber die Stärke der Energie, die ich erlebte, war überwältigend. Das Solarwesen gab die Gedanken der himmlischen Wesen weiter, als ich vergeblich versuchte, mich mit ihnen zu verbinden.

„Bemühe dich nicht, mein Kind. Diese Wesen sind hermetisch in einer Hülle aus Energie eingeschlossen, die auf einem Niveau schwingt, das jenseits deines Bewußtseins liegt. Ihre wahre Präsenz läßt sich innerhalb meines Schwingungsbereichs nicht ausdrücken.

Indem sie sich mit meiner Lichtsubstanz umgeben, um der Erde zu dienen, verankern sie ihre Essenz in der meinigen. Bald, wenn sie dich auf höhere Ebenen des Lichts begleiten, wirst du ihre ganze Schönheit wahrnehmen können.

Jetzt besteht ihre Hauptaufgabe darin, Energieströme, die vom Hauptsolarwesen (1)in der Nähe des Zentrums dieser Galaxis übertragen werden, anzugleichen und auszubalancieren. Das dient zweierlei Zwecken: Die aus Solarenergie bestehenden Hüllen, die die Erde umgeben, werden stimuliert und das Solarzentrum im menschlichen Herzen erleuchtet.

Veränderungen innerhalb des Herz-Solarzentrums gehören zu den wichtigsten Wandlungen, die die Menschheit erfahren wird. Die Solaressenz, die bisher vor allem durch den Geist ausgedrückt worden ist, wird sich von nun an durch das Herz offenbaren und somit die Fähigkeit zu lieben beträchtlich erhöhen.

Wenn dies geschieht, werden die Menschen auf eine neue Bewußtseinsebene gehoben werden – eingehüllt in einen Frieden, der über alles Begreifen hinausgeht. Diese Erkenntnis ist eine solare Einweihung. Sie legt den Grundstein für das weltumfassende Ereignis, von dem die Menschen immer geträumt haben – die Erfahrung des Himmels auf Erden.

Während sich die Solarstrahlung im menschlichen Herzen immer fester verankert und allmählich in die Atmosphäre der Erde fließt, wird eine Welle der Befriedung die Welt ergreifen. Zwist, die Ursache so vielfacher Leiden, wird sich in völlige Harmonie und Liebe verwandeln. Dann werden die Menschen die Mannigfaltigkeit ihrer Heilungsmöglichkeiten in vollem Umfang erfahren.

Liebe ist die schöpferische Kraft, die das Universum schuf und immer noch trägt. Wenn die Menschen das endlich begreifen, wird es ihnen augenblicklich gelingen, ihre irdischen Bedürfnisse zu stillen – indem sie dieselbe Energie nutzen, die einst die Sterne schuf.

Es wird Zeit, deine Reise in die ständig zunehmende Brillanz der stellaren Reiche fortzusetzen. Ich stehe in direkter Verbindung mit dem Lichtwesen, das dich erwartet, und habe das euch verbindende Energiegitter verändert, um dein Energiemuster und deine Lichtfrequenz der seinigen anzugleichen. Gott sei mit dir, mein Kind."

* * *

Das Solarwesen begann zu pulsieren und eine Reihe von Regenbogenmustern auszustrahlen. Jetzt nahm ich die himmlischen Wesen wahr, die die Erde salbten. Sie umgaben mich mit einem wunderschönen blauen Licht, und für einen kurzen Moment bekam ich eine Ahnung von ihrer wahren Natur. Sie sammelten sich um das Solarwesen und gaben durch eine strahlende Serie von Energiepulsationen die Essenz ihrer Lichtübertragung an die Erde weiter.

Dann schlossen sie mich erneut ein, und wir flogen in phantastischer Geschwindigkeit durch die in den Raum projizierten Gittermuster. Frei durch diese Muster schwebend, erlebte ich unbeschreibliche Veränderungen meines Bewußtseins.

Die Reise endete in einer Explosion scharlachroten Lichts, und ich fand mich in der Gegenwart eines wunderbaren stellaren Wesens wieder.

Von diesem Wesen ging eine so unglaublich starke Lichtflut aus, daß es mir zu Beginn unmöglich war, meine Energie zu sammeln. Erst mit völliger Konzentration gelang es mir, den Energiefluß aufzunehmen.

„Ich begrüße dich mit der Liebe unseres fröhlichen Schöpfers.

Ich hülle deine Essenz ein mit meinem strahlenden Atem und trage dich mit meiner Lebenskraft, um in Ehrfurcht deiner göttlichen Energie zu dienen.

Du erfährst die Gnade, mein Licht zu sehen, damit du auch die Bereiche der Schöpfung, die außerhalb meines inneren Tores liegen, erfahren kannst.

Ich offenbare mein Licht dem Erdenmann, damit er an unserer Zusammenkunft teilnehmen und deine Erfahrung in diesen Sphären für die Menschheit aufzeichnen kann.

Das Schicksal der Erde ist einzigartig in den Welten, mit denen ich kommuniziert habe. Sie wird neu erschaffen mit einer multidimensionalen Substanz, die es ihr möglich machen wird, ihre Energiefrequenzen zu verschieben und andere Dimensionen der Schöpfung zu erfahren.

Die himmlischen Wesen, die dich hier begleiten, sind an der Veränderung der dimensionalen Struktur der Erde direkt beteiligt. Weil die Lichtqualität, die für die Mischung der dimensionalen Frequenzen der Substanz notwendig ist, jenseits meiner Übertragungsfähgikeit liegt, brauchen wir die Hilfe dieser himmlischen Wesen.

Sie haben das universale Koordinatensystem (2) geschaffen, das den Planeten bei den dimensionalen Verlagerungen leiten wird. Sie haben auch die ersten Serien der aufeinanderfolgenden Entwicklungsstufen, die Übergangscodes, geschaffen.

Jetzt werde ich mein Licht in gebündelter Form auf die Erde richten, um ihr bestehendes Energiegitternetz den neuen Mustern anzugleichen. Diese Anpassungen werden auf der Oberfläche der Erde die Bildung neuer Energiezentren stimulieren und viele ihrer alten Zentren reaktivieren. Energie von den allgemeinen Energieflüssen wird direkt in spezifische Zentren eingeprägt, in einzelnen wie in fortlaufenden Lichtcodes, um eine Grenzfläche mit der Ur- Substanz zu schaffen.

Dies wird es den Menschen ermöglichen, jeden Teil der Energieprägung aufzunehmen. Sobald sie die Erfahrung der Transformationen, die durch diese Strömungen eingeleitet werden, gemacht haben, werden sie sich meiner multidimensionalen Realität bewußt werden – und ihrer eigenen ebenfalls.

Erst dann werden die Wesen, die für die größten Veränderungen verantwortlich sind, mein Tor durchschreiten; wenn sie das tun, werden alle Gedankenformen, die nicht in Resonanz mit der neuen Ur-Substanz sind, aufgelöst werden. Dann werden die Erde und die Menschheit ihre Transformation sehr schnell hinter sich bringen.

Sobald diese Transformation abgeschlossen ist, wird die Menschheit die Verantwortung für den Wiederaufbau des harmonischen Gleichgewichts der Erde übernehmen. Bei dieser Aufgabe werden die Menschen Fähigkeiten an den Tag legen, die weit über das hinausgehen, was sie vorher gewußt haben.

Die Harmonie – das Ergebnis dieser Transformation – wird zusammen mit dem Frieden, der über das Herz- Solarzentrum zum Ausdruck kommt, eine vollkommene Mischung unterstützender Energien bilden. Diese Energien versorgen die Erde, während die letzten Vorbereitungen für die Verlagerung der Dimensionen vorgenommen werden.

Als Reaktion auf die Bedürfnisse, die die Menschheit äußerte, als sie ihren Fuß zum ersten Mal auf die Erde setzte, wurde ein Energieschleier um den Planeten gelegt. Bald wird das Solarwesen die Lichtwesen, die die Erde umgeben, anweisen, den Schleier zu heben. Dann wird die Erde direkt durch meine Energie gespeist, und die Menschheit wird die Intelligenz und Lebenskraft des Kosmos wiedererkennen.

Das Solarwesen strahlt jetzt Lichtfrequenzen aus, die die Grenzfläche zwischen deinen Mitmenschen und den stellaren Reichen verändern werden, damit eine direkte Kommunikation zwischen ihnen möglich wird. Dies wird zu einer Umwandlung im Kollektivbewußtsein der Menschen führen, damit sich das Intelligenzniveau der Seele mit sehr viel größerer Klarheit in der bewußten Wahrnehmung der Menschheit sammeln kann.

Die Erde steht vor einer Reise durch den Kosmos, die mit nichts zu vergleichen ist, was sie je erlebt hat. Von Anbeginn an habe ich dieses planetarische Wesen mit meiner Liebe umgeben, und das werde ich bis in alle Ewigkeit weiterhin tun.

Die himmlischen Wesen, die dich nach hier gebracht haben, sind zurückgekehrt, um dich durch das Zentrum des Kosmos zu leiten. Gott sei mit dir, mein Kind."

* * *

In einem mächtigen Blitz aus goldenem Licht öffnete sich das Schwingungstor im stellaren Wesen. Meine Führer nahmen mich erneut in ihre Mitte; gemeinsam schritten wir über die Schwelle. Wir flogen durch Schichten aus funkelndem hellblauem Licht, von denen jede eine Frequenzschranke enthielt, die dem Tor im Solarwesen ähnelte.

Jedes Mal, wenn wir ein Sternentor durchflogen, nahm die Leuchtkraft meiner himmlischen Führer noch mehr zu. Schließlich vereinigten sie sich in einem strahlenden Goldrosa. Sofort erhöhte sich unsere Geschwindigkeit noch weiter.

Lichtwesen, die in Wellen näherkamen, grüßten uns, indem sie mit dem Kreis meiner Führer kobaltblaue Lichtpulsationen austauschten. Sie bildeten miteinander ein verwobenes Muster aus Blau und Gold und nahmen uns schließlich in ihre glühende Präsenz auf.

Dann, in schnellen Schwingungen vibrierend, erfüllten sie das Innere des Musters mit einer Musik, die völlig neu für mich war. Jede Note erblühte in Tausenden von harmonischen Variationen und schuf eine vielstimmige Symphonie aus lebenden Tönen. So entstand eine überwältigende Komposition!

Während ich lauschte, erkannte ich die tiefere Bedeutung ihrer Symphonie und begriff, warum sich diese Wesen um uns geschart hatten. Sie waren Gedankenformen, die das galaktische Wesen als Vorhut ausgesandt hatte. Und noch etwas wurde mir klar: Ich würde diese Präsenz unmittelbar dann erfahren, wenn die galaktische Energie durch den Mann, der meine Übertragung aufzeichnete, gebündelt wurde.

Als sich das Bewußtsein des Mannes genügend geweitet hatte, bildete sich durch einen Energieschwall im Kreis meiner Begleiter ein Glanz, der an Stärke zunahm und die Symphonie zu einem Ende führte. Eine funkelnde Fontäne aus Energie durchströmte mich.

Die Wesen sandten Impulse irisierender Diamantenergie in unseren Kreis und brachten das Muster um uns zum Leuchten. Meine Führer nahmen die Energie kurz auf und übertrugen sie dann in mein Bewußtsein. Ich war erfüllt von der Präsenz des galaktischen Wesens.

„Ich umarme dich, mein Kind, wie ich die Erde und jeden Ausdruck göttlichen Lichts auf ihr und in ihr umarme.

Meine Präsenz ist in den Erinnerungen der Menschheit als das Östliche Tor der Schöpfung gespeichert. Ich reaktiviere diese Erinnerung jetzt, indem ich neue Lichtfrequenzen durch das Solarwesen, das die Erde versorgt, schicke.

Ich bereite die Menschen darauf vor, das Erbe des strahlenden Königreichs der Neuen Erde anzutreten, denn dieses Wunder ist ausdrücklich für die Menschheit geschaffen worden.

Wenn meine Lichtcodes in das Gewebe der Erde übertragen werden, wird die Menschheit in der Lage sein, das göttliche Licht in vollem Umfang zu empfangen. Die Menschheit hat wie ich die Möglichkeit der Herrschaft über das Licht. Bald wird sie sich an diese Fähigkeit erinnern und in der Lage sein, Materie aus der reinen Energie dieses Lichts zu schaffen.

Seit Ewigkeiten habe ich die Erde darauf vorbereitet, den Ausdruck göttlicher Liebe zu empfangen, die sich bald durch die Menschheit bündeln wird. Es ist von entscheidender Bedeutung, daß die Menschen ganz genau begreifen, wie diese Vorbereitung erfolgt.

In Reaktion auf die neuen Lichtcodes wird die Ur-Substanz der Menschheit mit der Ur-Substanz der Erde gemischt werden. Eine große Auswahl göttlich konstruierter ‚Werkzeuge‘ steht bereit, bei diesen Veränderungen mitzuwirken und wartet nur darauf, daß die Menschheit sich ihrer Aufgabe und ihrer Position bewußt wird.

Während ich die letzten Codes übertrage, werde ich auch den Fokus des göttlichen Lichts aus meinem Inneren in die Seele der Menschheit legen. Wenn die Menschen den Fokus des göttlichen Lichts in sich tragen, werden sie die völlige Präsenz der Göttlichkeit als innere Realität erfahren. Alle Menschen werden eine gleichzeitige Welle ekstatischen Glücks erleben, und die Energie, die durch ihr vereinigtes Bewußtsein fließt, wird die letzte Spur von Furcht in reine Liebe verwandeln. Sobald dies geschehen ist, kann ich die abschließende Serie der dimensionalen Übergangscodes in die Ur-Substanz übertragen.

Dann wird der Zustand, den die Menschen als ‚Himmel' bezeichnen, auf der Erde einkehren. Es ist das Schicksal der Menschheit, die Brillanz des Lichts unseres Schöpfers in Bereichen der Schöpfung auszudrücken, die selbst mir unbekannt sind.

Nun, mein Kind, mach dich bereit, die dimensionale Schwelle meines Wesens zu überschreiten. Unser geliebter Schöpfer wartet auf dich. Du bist zum wahren Diener der Menschheit geworden, indem du sie an dieser Reise teilnehmen läßt. Sei gewiß, nie wird die Erde dich als Mann des Friedens vergessen."

* * *

Eine intensive Verschiebung meiner Schwingung brachte meine Individualität zum Verschwinden, und meine Essenz wurde in eine durchsichtige Hülle aus Energie aufgenommen.

Der Glanz, der mich umgab, vermischte sich allmählich mit einem milchig weißen Meer aus Energie, das mit Diamant-Lichtern gefüllt war. Die Diamanten ballten sich zusammen, und ich spürte die Präsenz des liebevollsten Wesens, das mir je begegnet war. In einer mächtigen Welle von Liebe strahlte die göttliche Präsenz die Botschaft aus:

„Ich bin Alpha und Omega.
Ich bin das ewige Licht der Schöpfung.
Ich bin Anfang und Ende.
Ich bin das, was ist.
Ich bin das, was war.
Ich bin das, was sein wird.
Ich bin die Welle der göttlich wirkenden Kraft.
Ich bin der lebendige Gott,
Der die unsterbliche Seele in ein Gewand
Aus menschlichem Fleisch kleidete."

Eine Explosion aus diamantenem Licht versetzte mich in meinen irdischen Körpers zurück, obwohl sich seine Substanz von physischem Fleisch und Knochen stark unterschied. Blitzartig tauchte in dem milchigen Meer von Energie neben mir ein anderes Wesen auf. Als sich meine Form stabilisiert hatte, ergriff das Wesen meine Hand, und mit einer einzigen Bewegung seiner anderen Hand materialisierte sich ein phantastischer Garten.

Hand in Hand wandelten wir durch die Pracht des Gartens, bis wir zu einem strahlenden Brunnen aus Kristall kamen. Das Wesen bedeutete mir, mich hinzusetzen, und vollzog eine wunderbare Transformation. Die Brillanz seines Gesichts verstärkte sich, bis ein völlig anderes Gesicht erschien. Es ähnelte den Bildern in der Bibel, die ich gesehen hatte.

„Ich bin der lebendige Gott, der in einem Körper aus Fleisch auf der Erde gewandelt ist. Die Menschen haben ihn ,Jesus' genannt.

Ich bin der lebendige Gott, der auch in jeder anderen Gestalt auf der Erde gewandelt ist.

Ich habe dich zu mir gerufen, um meine Liebe für die Menschen zu bekräftigen, denn wahrlich, sie sind Tempel meiner lebendigen Präsenz.

Vom Augenblick der Schöpfung an ist die Menschheit mit meiner Präsenz gesalbt gewesen, und ich werde sie bis in alle Ewigkeit mit meiner Liebe tragen.

Am Anfang war das Wort. Ich habe dich gerufen, auf daß du mir helfen mögest, mein Wort der Erde gegenüber zu erneuern, damit die Menschheit die Reinheit und Wahrhaftigkeit meiner Liebe erkennt. Denn nichts könnte mich je dazu bringen, einem meiner Kinder diese Liebe zu nehmen oder ihm diese Liebe zu verweigern. Meine Liebe, aufrichtig und im Überfluß gegeben, währt ewiglich. Sie fließt unaufhörlich durch die unsterbliche Verbindung zwischen der Menschheit und mir: die Seele.

Seelen sind nie von mir getrennt. Sie sind göttliche Strahlen reiner Energie, die in die verschiedenen Bereiche meiner Schöpfung projiziert sind.

Mein Kind, während du die Herrlichkeit der feinstofflichen Ebenen teilst, erinnere die Menschen daran, daß auch die Erde aus den Strahlen meines Lichts gewoben ist. Ich habe meine Kinder nicht, wie viele glauben, in göttlicher Strafe auf der Erde ausgesetzt.

Die Erde wurde ihnen als Geschenk überlassen, damit sie in scheinbarer Isolierung die manifesten Bereiche für ihre eigenen Zwecke erfahren konnten.

Ich habe gesehen, wie die Menschheit durch dieses Abenteuer gewachsen ist.

Sie wird bald wieder bewußt Mitglied meiner Lichtfamilie sein und das teilen, was sie mit anderen ihrer Art gelernt hat.

Nun, ich rufe dich, wie dich die Erde gerufen hat: John. Erhebe dich und trink von dem Wasser des Lebens."

Ich stand neben dem Kristallbrunnen und kniete nieder, um sein Wasser zu kosten. Dann, als wir eins wurden, erlebte ich die größte Freude, die mir je begegnet war.

Noch einmal war ich völlig eins mit dem Herrn der Schöpfung.

* * *

In der Klarheit dieser Vereinigung wußte ich, daß alles, was ich geschaut hatte, geschehen würde – denn im Geist Gottes ist es Realität.

Diesen Erfahrungen folgend, habe ich meine Energie darauf konzentriert, der Menschheit und der Erde zu helfen, ihre Schwingungsniveaus in Vorbereitung auf die Verschiebung der Dimensionen zu erhöhen. Viele von uns sind mit den verschiedenen Aspekten desselben Zieles befaßt.

In einem physischen Körper zu leben und sich seiner Göttlichkeit bewußt zu sein, ist die letzte Erfahrung der ‚äußeren Dimensionen' der Schöpfung. Es ist mein Wunsch, wenn die

Verschiebung erfolgt, diese ‚neue Ordnung' in physischer Form zu erleben. Ich hoffe, bei euch zu sein, wenn wir ernten, was die Menschheit auf ihrer langen Entdeckungsreise gesät hat.

Ich liebe euch alle.

John

(1) Dieses Wesen, das seinen Sitz in der Nähe des Zentrums der Milchstraße hat, ist dafür verantwortlich, daß Energie-Substanz in gebündelter Form zu allen Sonnen in unserer Galaxis geschickt wird.

(2) Das Gitter-System oder Muster im gesamten Gitter-System der Galaxis, das die Ordnung der Sterne und der anderen Himmelskörper festlegt. Ähnlich wie eine Sternenkarte.

Fountain of Light

I've lived as a king on Earth,
Seen the palaces in the sky.
How few of us know its worth
,Til the moment when we die.

For then the illusions fade away,
And our eyes can finally see
The radiant worlds of Heaven
That await both you and me.

And we'll bathe in an crystal fountain,
A fountain filled with holy light.
And within this crystal fountain
All our pains shall soon take flight.

All our deeds will be forgiven,
All our wounds be healed aright,
And we'll behold the wonders of Heaven
As we bathe in the Fountain of Light.

Now I live as a being in Heaven,
I dwell in the palaces on high.
Yet I still call out to the Earth,
I merely passed on-I did not die.

All my illusions-they are gone,
And my eyes can finally see
The radiant light of Heaven,
That bathes both you and me.

For I've bathed in the crystal fountain,
A fountain filled with holy light.
And within this crystal fountain
All my pain has taken flight.

All my deeds have been forgiven,
All my wounds been healed aright
And I've received the Gifts of Heaven
As I bathed in the Fountain of Light.

And I beheld the Lord of Creation
As I was remade in the Fountain of Light.

Das Interview

Zusammengestellt von Jason Leen im Januar 1982 aus Notizen, die er bei seinen Gesprächen mit John Lennon angefertigt hat.

Jason: Nun, John, womit möchtest du beginnen?

John: Ich meine, wir sollten am Anfang beginnen.

Jason: Meinst du damit den Zeitpunkt deines Todes?

John: Nein, der Anfang lag für mich einige Tage früher, als mich das seltsame Gefühl überkam, es läge etwas in der Luft.

Jason: Hast du deinen Tod geahnt?

John: Nicht in der Woche, bevor er tatsächlich geschah. Aber bei verschiedenen anderen Gelegenheiten hatte ich meinen Tod bereits ‚gesehen'. Viele Elemente dieser Vorahnungen sind in der Nacht, als ich erschossen wurde, wahr geworden. Es ist erstaunlich, wie diese Verbindungen entstehen.

Aber dieses Gefühl einer Veränderung, von dem ich spreche, hatte nichts mit Gedanken an den Tod zu tun. Es war einfach ein Gefühl, das ständig in mir wuchs.

Am Abend des 8. Dezember arbeiteten Yoko und ich im Studio in New York City. Ich war sehr mit meiner Arbeit beschäftigt und glücklich bei dem, was ich tat. Dennoch blieb unterschwellig ein ungutes Gefühl. Ständig gingen meine Gedanken zurück zu Sean.

Eigentlich hatten wir mit den anderen essen gehen wollen, aber dann entschloß ich mich, Feierabend zu machen. Ich wollte einfach zu Hause sein mit Yoko und Sean. Den Rest der Geschichte kennst du .....

Jason: Von dem Augenblick an, als du den Lichttunnel betreten hast, hast du beinahe ständig Schutz und Hilfe durch feinstoffliche und engelähnliche Wesen erfahren. Weißt du warum?

John: Jedem, der ,stirbt', wird auf sehr liebevolle Weise geholfen. Später habe ich herausgefunden, daß die besondere Energie, die in jener Zeit um mich war, mich davor geschützt hat, in eine längere Zeit des Kummers über die Trennung von meiner Familie zu versinken. Damit möchte ich nicht sagen, ich hätte diese Gefühle nicht gehabt, aber sie haben mich nicht zerstört. Schon damals wurde ich auf diese Arbeit vorbereitet. Ich konnte nicht als Botschafter des ewigen Lebens und der himmlischen Bereiche fungieren, wenn ich in den niedrigen Schwingungen von Kummer und Schmerz gefangen war.

Jason: Ist das der Hauptgrund für deine Rückkehr und unsere gemeinsame Arbeit?

John: Ja, mit Ausnahme einiger weniger privater Dinge zwischen mir und Yoko. Ich nehme mit der Menschheit Kontakt auf, um die Realität des Lebens nach dem Tod mit all denen zu teilen, die die Wahrheit hören wollen. Indem sich die Menschen weigern, die Existenz der nicht physischen Ebenen anzuerkennen, setzen sie sich selbst Grenzen für ihr Wachstum. Die Dämonen, von denen manch einer glaubt, sie wären Angehörige der geistigen Welt, sind nichts anderes als Produkte ihrer eigenen zersplitterten Phantasien. Es gibt hier nichts, wovor man Angst haben müßte.

Jason: Hast du seit deinem Tod mit Yoko Kontakt gehabt?

John: Nicht in der Form, wie du und ich miteinander kommunizieren. Dennoch bin ich viele Male zu ihr durchgedrungen. Sie hat meine Gegenwart gespürt, aber eine richtige Kommunikation hat es bisher noch nicht gegeben. Ich glaube, nach einiger Zeit werden wir unsere Gedanken teilen können und lernen, unsere Bewußtseinsebenen miteinander zu verbinden.

Jason: Was ist mit Sean und Julian? Hast du mit ihnen Kontakt aufgenommen?

John: Nicht auf der Ebene, wie ich es mit Yoko versucht habe. Ich wollte sie in keiner Weise beunruhigen. Vielleicht werden wir, wenn sie älter sind, in irgendeiner Form kommunizieren können, aber zur Zeit besuche ich sie nur in ihren Träumen. Ich möchte ihnen möglichst nahe bleiben.

Jason: Hast du mit anderen Menschen Kontakt aufgenommen?

John: Ja, mit mehreren Menschen, die mir in meinem physischen Leben nahegestanden haben. Die meisten von ihnen haben meine Gegenwart gespürt, es gab jedoch keine verbale Kommunikation. Ich tat mein Möglichstes, um sie wissen zu lassen, daß ich in ihrer Nähe bin, und wir haben einige Momente miteinander geteilt. Das war alles.

Jason: Welche Art von Strukturen hast du in deiner neuen Umgebung angetroffen?

John: Ich habe mehrere feinstoffliche Gebäude gesehen und bin in ihrem Inneren gewesen. Die meisten von ihnen dienen dazu, die feinstofflichen Körper der Menschen, die vor kurzem angekommen sind, auszugleichen – sie zu heilen, wie du es vielleicht nennst, obwohl dieser Ausdruck ein wenig seltsam ist, wenn man über jemanden spricht, der nicht mehr ‚lebt‘.

Der Schlüssel dazu ist, daß es hier Ebenen gibt, die jenseits des Physischen liegen. Die Menschen leben immer noch, selbst wenn sie die Erde verlassen haben; sie haben nur keinen physischen Körper mehr.

Jason: Wirst du durch die dich betreffenden Gedanken und Gefühle der Menschen in irgendeiner Form beeinflußt?

John: Die magnetische Kraft von Menschen auf der Erde, die mich zurückhaben wollten, war zu Beginn, als meine feinstoffliche Form noch instabil war, manchmal fast nicht zu ertragen. Aber je mehr sich mein Gleichgewicht stabilisierte und je mehr ich mich auf meine eigene Mitte konzentrierte, desto mehr wurde ich von diesen Schwingungen unabhängig.

Das stört meinen Kontakt zur Erde nicht. Nach wie vor habe ich in vielfältiger Weise Verbindung zu den Menschen – dazu gehört auch meine Arbeit mit dir.

Jason: Was fühlst du bei deiner Verbindung mit der Erde?

John: Vor allem Liebe. Es macht mir sehr viel Freude, meine Gefühle und Gedanken so klar durchgeben zu können.

Jason: Wie siehst du die Zukunft der Musik?

John: In den nächsten Jahren (1982 bis 1985) wird es nur geringfügige Änderungen geben, die Musik wird jedoch mehr spirituelle Einflüsse bekommen. Der menschliche Geist entwickelt sich auf vielfältige Weise, und ich glaube, die Menschen werden sich mehr einer Musik zuwenden, die ihre spirituelle Entfaltung unterstützt. Sie werden Musik nicht mehr zur reinen Unterhaltung wollen, sondern als Möglichkeit, sich auf eine höhere Ebene einzuschwingen und sich der Inspiration zu öffnen. Diese Entwicklung hat bereits vor meinem Tod eingesetzt.

Jason: Bist du mit der Erde noch durch Musik verbunden?

John: Ja. Ich bin immer noch Musiker; am besten kann ich meine Gedanken und Gefühle durch Musik ausdrücken. Die Musik, die ich schaffe, kommt aus dem Herzen – durch sie werden die Schwingungen auf der Erde erhöht. Ich möchte jedem Menschen den Glauben an das Leben wiedergeben.

In den feinstofflichen Bereichen bin ich ständig von Musik umgeben. Sie ist die höchste Stufe der Kommunikation und bietet unendliche Möglichkeiten. Gott kommuniziert mit der gesamten Schöpfung durch die Musik der Sphären.

Musik ist mein stärkstes Band zur Erde, und wenn diese Verbindung bestehen bleibt, dann größtenteils durch Musik.

Jason: Welchen Umfang wird deine musikalische Kommunikation mit der Erde haben?

John: Ich plane für den Anfang eine Reihe Alben, die sich auf meine Erfahrung hier und die Botschaften, die ich für die Menschen habe, beziehen. Dann werde ich eine ungewöhnliche musikalische Kollektion durchgeben, die den Menschen helfen wird, sich zum Zeitpunkt des Todes von ihrem physischen Körper zu lösen. Sie wird ihnen außerdem ermöglichen, den Kontakt zu ihren Lieben auf der Erde aufrechtzuerhalten. Diese Musik besteht aus einer dreiundsechzigstündigen Aufzeichnung, an der die gesamte Familie zusammen mit dem Sterbenden teilhat. Dazu gehören weitere neununddreißig Stunden Musikaufzeichnung, die vor allem für den Menschen, der scheidet, bestimmt ist.
Genaueres kann ich nicht sagen, aber meine Botschaften zur Erde werden sich immer nach den Bedürfnissen der Menschen richten.

Jason: Willst du damit sagen, daß dies eine permanente Verbindung sein wird?

John: Nein. Es liegen viele aufregende Erfahrungen für die Menschheit bereit, und ich werde lange genug bleiben, um mein Bestes zu tun. Wenn einst das Gleichgewicht hergestellt ist und ich die Arbeit, die getan werden muß, vollendet habe, werde ich mich neuen Abenteuern zuwenden.

Jason: Du kannst also unsere physische Zukunft sehen?

John: Ja. Zeit ist eine völlig falsch verstandene Dimension des Universums. Ich kann den Fluß der Dinge sehen – in einer Weise, die mir einen Überblick ermöglicht über das, was ihr ‚Zukunft' nennt. Das ist eines der ‚Extras' der feinstofflichen Bereiche – eine Begabung, die einige Menschen entwickeln, während sie noch leben. Es hat mit gewissen Partikeln der Materie zu tun, die sich schneller bewegen als das, was ihr Lichtgeschwindigkeit nennt. Einige Wissenschaftler haben die Tatsache bereits entdeckt. Sobald man sie völlig verstanden haben wird, werden alle Formen der Kommunikation zwischen den einzelnen Dimensionen möglich sein.

Jason: Stehen künftige Ereignisse, die du gesehen hast, in Verbindung mit den Weissagungen anderer, wie etwa Edgar Cayce?

John: Vor meinem Tod haben Yoko und ich uns sehr für Cayces Vorhersagen interessiert. Vieles von dem, was er zu den Veränderungen der Erde vorausgesagt hat, könnte schließlich geschehen. Ich möchte keine Panik verbreiten, aber ich meine, jeder sollte sich die Möglichkeiten klarmachen.

Jason: Sollen wir uns in irgendeiner Form vorbereiten?

John: Die Menschen sollten wissen, was sie im Ernstfall tun können, das ist alles. Ich bin sicher, wer einige Minuten ruhig nachdenkt, dem wird schon eine ganze Menge einfallen. Vor allem Beharrlichkeit und Ausdauer werden eure besten Verbündeten sein.

Jason: Welche Gefühle hast du für Yoko im Augenblick?

John: Ich werde immer noch von meinen Gefühlen
überwältigt, wenn ich an Yoko denke, deshalb
möchte ich nicht viel dazu sagen. Nur eins: Ich
liebe dich, Yoko. Du bist ständig in meinem
Herzen, und eines Tages werden wir unsere
Reise durch den Kosmos gemeinsam fortsetzen.

Jason: Wie sollen sich die Menschen an dich erinnern?

John: An mein Lächeln, an meine Lebensfreude –
denn was auch immer geschehen ist, ich habe
das Leben wirklich geliebt. Erinnert euch an
meine Worte ‚Give peace a chance'. Seht mich
nicht in einem Meer von Blut liegen; es war für
mich schlimm genug, das eine kurze Weile ertragen zu müssen. Laßt den Gedanken daran
los! Denkt an mich, als ich glücklich war! Das
reicht!

Ich liebe euch. Möge Liebe euer Leben begleiten.
Und vor allem: Möge der Frieden euer sein!

* * *

Ethereal Kiss

Spread your wings
I know you can.
For you're an angel
As well as a woman.

Open your heart,
I know you will.
Though I can't hold you,
I love you still.

Oh Yoko, so many things I left unsaid.
They echo now inside my head.
How I long for your love,
Though I'm nectar fed.
Yes, life goes on,
There's light ahead.

Oh, how can I explain?
Your tears – they fall like rain.
But I'm right here beside you,
Right here beside you.
You know I'll never leave
And go away.

The love we shared
I'd never felt.
The bonds we formed
Death cannot melt.
The rest is very hard
For me to say.

But I share your sorrow,
Hear your cries in the night.
When you're alone in the darkness.
I bring you my light.

I bring you my light,
I share of my bliss.
I adorn your lips
With an ethereal kiss.

Glossar – Erklärung der Begriffe

Äther. Die nicht-physischen Bereiche des Kosmos, die man normalerweise als leeren Raum wahrnimmt. Diese Bereiche schwingen auf einer viel höheren Frequenz als die physische Materie und sind zur Zeit sehr lebendig – sie enthalten Information und Nahrung für sämtliche Lebensformen. Die Äther dienen als Medium für die Übertragung kosmischer Energie.

Ätherisch. Die nicht-physische Realität betreffend, wo sich Materie und Geist auf einem höheren, geläuterteren Niveau einander annähern.

Akasha-Chronik. Auch Akasha, Gedächtnis Gottes oder Buch des Lebens genannt. Sämtliche Daten aus allen Bereichen des Lebens auf den sichtbaren Ebenen werden in der Akasha- Chronik elektronisch aufgezeichnet. Die Akasha ist magnetisch und kann elektrische Schwingungen sogar auf subatomaren Ebenen aufspüren und aufzeichnen.

Antike Brunnen. Natürliche Quellen, die in der früheren Zeit geflossen sind; vielen von ihnen hat man besondere Heilkräfte zugeschrieben. Die Quelle bei Delphi im südlichen Griechenland ist eine von ihnen.

Antike Kraftzentren. (Zentren der Kraft). Besondere geographische Orte, die über ein ungewöhnliches Energiepotential verfügen, einem Stromkreis ähnlich. Dazu gehören die Große Pyramide von Gizeh und Stonehenge in England. Wegen der Schwankungen des Energiefeldes der Erde arbeiten diese Orte zur Zeit nicht in ihren ursprünglichen Energiestufen. Im Zusammenhang mit der planetarischen Transformation, die jetzt erfolgt, wird die elektromagnetische Aktivität dieser Zentren reaktiviert.

Aura. Sieben vielschichtige Hüllen höchst feinstofflicher Energien, die in ovaler Form den physischen Körper umgeben. Die Aura befindet sich in einem ständigen Austausch mit ihrer Umgebung und anderen Lebensformen. Wenn die fünf neuen Frequenzbereiche demnächst in unsere Realität aufgenommen sind, wird sich die Aura aus zwölf dieser Energiehüllen zusammensetzen.

Brücke. Eine Verbindung zwischen zwei Energiesystemen oder Existenzbereichen, die unterschiedliche Schwingungen haben. Brücken ermöglichen den Energieaustausch in einem außergewöhnlich friedlichen und harmonischen Gleichgewicht.

Chakras. Energiezentren im physischen Körper, die die hereinkommende kosmische Energie umwandeln und auf eine Ebene bringen, die der physische Körper als Nahrung nutzen kann. Die Chakras versorgen die endokrinen Drüsen (Drüsen mit innerer Sekretion, wie etwa die Bauchspeicheldrüse) mit dieser heruntertransformierten Energie, die sie dann in die anderen physischen Bereiche verteilen.

‚Die Himmel werden nicht mehr so weit entfernt sein'. Die Wahrnehmungsfähigkeit des Menschen und die Energiehüllen der Erde werden gleichzeitig angepaßt. Dadurch wird offenbar, daß viele Himmelskörper der Erde viel näher stehen, als es bisher den Anschein hatte.

DNS. Desoxyribonukleinsäure. Die DNS ist der Grundbaustein des menschlichen Körpers. Sie enthält den elektrischen Bauplan des Körpers und bestimmt die genetische Struktur der Zellen. Die DNS wird das neue Verteilungszentrum für die Sonnenenergie sein, die jetzt durch das Scheitel-Chakra verteilt wird (Hypophyse).

143

Energie-Gittersystem der Erde. Energielinien in besonderen Strahlungsmustern, die durch die Ur-Substanz geschaffen werden. Dieses System nimmt kosmische Energie auf und transformiert sie herunter, damit sie von der Substanz verwendet werden kann. Es zieht Atome an und hält sie in geordneten Mustern fest, transformiert dann ihr Schwingungsniveau herunter und leitet sie zu den Knotenpunkten der Erde weiter, wo sie in physische Materie umgewandelt werden.

Erdsphären oder ‚**Sieben Sphären der Erde**‘. Sieben Frequenzbereiche der Aktivität, die mit der Ur-Substanz verbunden sind. Diese werden von unterschiedlichen Arten von Wesen bewohnt. Durch die verschiedenen Frequenzbereiche wird es möglich, daß mehr als eine Sphäre der Schöpfung im selben räumlichen Bereich bewohnt werden kann, ohne daß ihre Wesen miteinander in Konflikt geraten. Jeder Bereich hat seine eigene aus sieben Energiekörpern bestehende Rasse. – Siehe ‚Fünf neue Energiekörper‘.

Erkennbare Bereiche oder **erkennbare Welten.** Welten, die aus drei Dimensionen bestehen wie die Erde. Im Gegensatz zu den feinstofflichen Bereichen, wo dreidimensionale Materie nicht existieren kann.

Etanali. Einheitlicher Gruß mit der Bedeutung: ‚Ich ehre das ewig Göttliche in dir‘. Ähnlich wie ‚Namaste‘ (Namaskar). (A.d.Ü. Hinduistischer Gruß, der Ehrfurcht vor Gott ausdrückt. Dabei werden die Handflächen zusammengelegt und zur Stirn geführt, wo die Fingerspitzen den als drittes Auge bezeichneten Punkt zwischen den Augenbrauen berühren.)

Ewige Flamme der Schöpfung. Eine permanente Manifestation des Göttlichen Lichts, das mit jedem Atom der Materie in der physischen Welt verbunden ist.

Folge von Lichtcodes. Eine Serie von Lichtübertragungen, die von der Natur so eingerichtet ist, daß erst die gesamte Folge übertragen sein muß, bevor sich Wirkungen manifestieren. – Siehe ,Neue Codes der Phasenfolge' (Sternengruppierung)

Frequenzbereiche. Schwingungen werden auf der Erde bei Tönen in Hertz/Sekunde gemessen und bei Licht in Kilometer/Sekunde. Zu den auf der Erde bekannten Frequenzbereichen gehören die Frequenzen, auf denen im Radio oder Fernsehen von unterschiedlichen Stationen oder Kanälen gesendet oder empfangen werden kann.
Auf dem Planeten Erde gibt es viele einzelne Frequenzbereiche, so daß eine große Vielfalt des Lebens in vielen verschiedenen Formen harmonisch miteinander lebt. Die Frequenz jeder Lebensform hat eine bestimmte Spannbreite, in deren Grenzen sich ihre physische Aktivität bewegt. Menschen nehmen beispielsweise Töne nicht mehr wahr auf Frequenzen, die für Hunde, Delphine, Wale etc. noch wahrnehmbar sind
Wir sind zur Zeit nicht in der Lage, Lebensformen wahrzunehmen, die außerhalb unserer ,normalen' Frequenz agieren wie etwa Feen, Engel und andere Geistwesen. Der Mensch besitzt jedoch die natürliche Fähigkeit, alle Frequenzen wahrzunehmen, und viele Menschen nutzen diese Fähigkeit in unterschiedlichem Maß.

Fünf neue Frequenzen. Da der Hauptlichtcode erweitert wird, werden fünf neue Lichtfrequenzen für die Menschheit sichtbar. Anstatt der bisherigen sieben Frequenzbereiche wird es zwölf geben. Sobald diese Frequenzen geschaffen sind, werden die Menschen auf der Erde über eine größere Bandbreite emotionaler Ausdrucksmöglichkeiten verfügen. – Siehe ,Fünf neue Lichtsphären'.

Fünf neue Lichtsphären. Fünf Lichtsphären bewußter Aktivität, die für die Menschheit bisher nicht spürbar waren, und die mit den fünf neuen Frequenzen verbunden sind. Jede dieser Lichtsphären schwingt auf einer besonderen Frequenz und überträgt seine eigene Farbe und seinen eigenen Ton. Die Lichtsphären der Erde ähneln den Schichten einer Zwiebel.
- Siehe ‚Erdsphären'.

Gitter-übertragende-Lichtcodes. Die angrenzenden Lichtcodes zwischen den Energiegittern der sieben Erdsphären. Sie erleichtern die Kommunikation zwischen den unterschiedlichen äußeren Schichten der Erde, wenn das neue Gittersystem eingesetzt wird. Diese Codes steuern auch den Übergang der Erde in die Realität ihrer neuen Dimension und Sternengruppierung.

Gleichzeitigkeit. Der Gedanke, daß Vergangenheit, Gegenwart und Zukunft in einer einzigen, fortlaufenden Realität eins sind.

Grenzfläche. Die gemeinsame Grenze zwischen benachbarten Gegenständen oder Bereichen. Eine gemeinsame Frequenz, durch die unterschiedliche Frequenzen miteinander kommunizieren können.

Halle des Jüngsten Gerichts. Siehe ‚Tag des Jüngsten Gerichts'.

Hauptlichtcode. Das mit den Augen wahrnehmbare Spektrum, das entsteht, wenn eine Rasse, deren Energiehülle aus sieben Schichten besteht, dem Planeten angepaßt wird. Der Hauptlichtcode der Erde setzt sich zum Beispiel aus den sieben Farben des Regenbogens zusammen.

Hauptlichtschwelle. Ein im Sehnerv eingebauter Schwingungswiderstand, der verhindert, daß Frequenzen, die über denen des Hauptlichtcodes liegen, durchgelassen werden. Gegenwärtig kann der ‚normale' Sehnerv nur die Frequenzen des Hauptlichtcodes wahrnehmen. Die Hauptlichtschwelle wird durch die Einführung der fünf neuen Lichtfrequenzen geändert.

Hauptsolarwesen. Diese Wesenheit, in der Nähe des Zentrums der Milchstraße angesiedelt, ist dafür verantwortlich, daß sämtliche Sonnen unserer Galaxis mit gebündelter Energiesubstanz versorgt werden.

Höheres Selbst. Das Höhere Selbst ist ein Wahrnehmungsaspekt des menschlichen Bewußtseins, der auf einer höheren Bewußtseins- und Aktivitätsebene als das normale ‚Wachbewußtsein' arbeitet. Auch als Überbewußtsein bekannt. Dieser Aspekt jedes menschlichen Wesens ermöglicht ein ‚Wissen' jenseits des ‚normalen' Bewußtseins, das vom Verstand gesteuert wird.

Knotenpunkte. Spezifische Punkte im Energiegittersystem der Erde, die Energie aus höheren Frequenzen aufnehmen, lagern und verteilen.

Kollektivbewußtsein oder **Kollektivgedächtnis.** Gemeinsames Bewußtsein der gesamten Menschheit. Das Kollektivbewußtsein durchdringt die Menschheit und wird Teil von ihr. Das bedeutet: alle Menschen haben Zugang zu diesem Bewußtsein. Die meisten sind sich dessen jedoch nicht bewußt.

Kollektivseele oder **menschliche Seele** oder **Seele.** Der Funke der göttlichen Energie, der die gesamte Menschheit als Einheit verbindet. Alle Veränderungen oder Transformationen, die sich im physischen Körper manifestieren, werden zuerst in der Seele angeglichen.

Koordinatensystem des Weltalls. Das Gittersystem oder -muster innerhalb des allumfassenden Gittersystems der Galaxis, das die Anordnung der Sterne und der anderen Himmelskörper festlegt. Ähnlich einer Sternenkarte.

Kosmische Energie. Die Grundform reiner Energie – frei von jeglichem Informationsgehalt. Sie kann zur Erhöhung der Schwingungsfrequenz eines Planeten verwendet werden, wie es zur Zeit bei der Erde geschieht.

Lichtcode. Codierte Information, als reines Licht übertragen.

Menschlicher Geist. Der bewußte Bereich eines menschlichen Wesens. Der menschliche Geist durchdringt die gesamte physische Form und den Ätherkörper.

Menschliche Seele oder Seele. Der göttliche Funke in jedem von uns, der den ewigen Aspekt des Göttlichen darstellt. Die menschliche Seele hat einen freien Willen, der sie von vielen anderen Arten von Seelen unterscheidet.

Neue Codes der Phasenfolge. Neue Zeitmuster, die in Vorbereitung der Planetenverschiebung auf die Erde und die dort manifestierten Lebensformen übertragen werden.
Diese Codes ändern die Lichtgeschwindigkeit eines jeden Atoms, während es sich kontinuierlich zwischen den Stadien Licht und Materie bewegt. Dadurch wird der Schwingungsgrad des Körpers beträchtlich erhöht, die Gewebe können höher schwingende kosmische Energie aufnehmen und nutzen. – Siehe ‚Folge von Lichtcodes‘.

Neue Sternengruppierung oder **neue stellare Gruppierung.** Während sich die Erde verschiebt und neue Dimensionsebenen entstehen, wird eine dreißig Kilometer dicke Energiehülle oder Lichtkorona um den Planeten gelegt. Dann werden Konstellationen im himmlischen Spektrum sichtbar, die außerhalb der Ebene unserer derzeitigen Hauptlichtschwelle schwingen.

Planetarische Phasenverschiebungsfolge. Die Folge von Schwingungsangleichungen, durch die die Ausdehnung des Hauptlichtcodes erreicht wird.

Realitätsfolge der menschlichen Rasse. Eine innere Folge von Ereignissen, die in der menschlichen Seele codiert ist und die Art der physischen Transformationen der menschlichen Rasse festlegt.

Schlaf der Jahrhunderte. Der Heilungsprozeß eines menschlichen Wesens, das vor kurzem die Schwelle von der physischen zur feinstofflichen Ebene überschritten hat. Oft geschieht dies im ‚Tal des letzten Schlafes‘.

Schleier des Vergessens. Eine Energiehülle, mit der die Erde auf Wunsch der Menschheit umgeben wurde, als sie diesen Planeten als Aufenthaltsort aussuchte. Aus eigenen inneren Bedürfnissen heraus hat die menschliche Rasse den Wunsch geäußert, sich in scheinbarer Isolation zu entwickeln. Dieser Schleier hindert die Menschen daran, die Göttlichkeit in sich zu erkennen und sich an die durch Zyklen von Tod und Geburt fortlaufende Natur des Lebens zu erinnern. Er schränkt auch unsere Fähigkeit ein, die Intelligenz und Lebendigkeit sämtlicher Teile des Kosmos klar zu erkennen.

Solar-Initiation. Die Solarstrahlung im Solarzentrum des menschlichen Herzens wird sich verstärken, bis sie in die Erd-Atmosphäre überfließt und alle Mißstimmigkeiten in völlige Harmonie und Liebe umwandelt.

Solarzentrum des menschlichen Herzens. Ein physischer Ort im menschlichen Herzen, wo Lichtschwingungen der Sonne bisher versiegelte Energien im Körper freisetzen. Diese Energie wird vom Blut zur Heilung und Wiederbelebung des Körpers verwendet. Solar-Essenz, die bisher durch den menschlichen Verstand zum Ausdruck gebracht wurde, wird bald durch dieses Solarzentrum im Herzen ausgedrückt und geläutert werden.

Tag des Jüngsten Gerichts, auch **Halle des Jüngsten Gerichts**. Die Erfahrung der Registrierung und Rechenschaft nach Beendigung eines Lebens in physischer Form. Während dieser Bestandsaufnahme werden die Taten des Lebens in der Akasha-Chronik aufgezeichnet. Das betreffende Individuum wertet die Handlungen des Lebens auch aus im Hinblick auf die Ziele oder Pläne, die vor der Geburt gefaßt wurden. Eine Bewertung wird nur vom Individuum selbst vorgenommen.

Tal des letzten Schlafes. Eine von vielen Bezeichnungen für den feinstofflichen Bereich, in dem sich viele Seelen aufhalten, unmittelbar nachdem sie die physische Welt verlassen haben. – Siehe ‚Schlaf der Jahrhunderte‘.

Tempel der Oktave. Ein feinstoffliches ‚Gebäude‘, in dem der Heilungsprozeß nach dem Tod stattfindet. Jede der acht einzelnen Aspekte des Tempels bezieht sich auf eine andere Ebene im menschlichen Bewußtsein.

Ur-Substanz oder **Substanz**. Der elektromagnetische Kern, der die Grundbedingungen des Planeten Erde festlegt (einschließlich Struktur, Bau, Form, Größe, Drehgeschwindigkeit, Dichte etc). Die Substanz, die grundlegende elektrische Realität des Planeten, bestimmt den Ur-Rhythmus, in dem alle irdischen Lebensformen schwingen.

Ur-Substanz der menschlichen Rasse. Das zentrale elektromagnetische Muster, das die Struktur und die Konstruktion des einzelnen menschlichen Körpers und Geistes wie auch des Kollektivbewußtseins festlegt. Diese Substanz schließt alle Mitglieder der menschlichen Rasse ein und verbindet sie.

Verschiedene Frequenzbereiche verbindende Muster. Energiemuster, die die getrennten Bereiche von Raum und Zeit zu einem gemeinsamen Ganzen verbinden.

Wasser des Lebens. Die fließende Präsenz der göttlichen Liebe – der Lebensspender.

Wesen. Eine Wesenheit oder besondere Persönlichkeit – ein menschliches oder göttliches Wesen, ein Engel, ein Lichtwesen etc. Wenn dieses Wort ohne weitere Beschreibung in diesem Buch verwendet wird, bezieht sich Wesen auf eine Wesenheit, deren Herkunft John nicht bekannt war.

Ein Geschenk des Himmels
Dawson Church

ZWIESPRACHE – Kontakt mit der Seele deines ungeborenen Kindes

Ein Buch über Schwangerschaft, Geburt und frühe Kindheit aus spiritueller Sicht.

Aus zahlreichen Untersuchungen wissen wir heute, daß der Embryo bereits einen großen Teil dessen wahrnimmt, was außerhalb des Mutterleibes vor sich geht.

Dieses Buch geht einen großen Schritt weiter:

Es enthüllt die transzendenten Geheimnisse der Schwangerschaft und beschreibt, welche Auswirkungen auf das Kind Emotionen, Gefühle Gedanken und übersinnliche Wahrnehmungen vor der Geburt haben und wie die werdenden Eltern das Kind bereits im Mutterleib beeinflussen können.

In diesem Buch finden Sie gänzlich neue spirituelle Perspektiven zur vorgeburtlichen Entwicklung, die heutzutage immer bewußter erlebt wird. Der Autor zeigt durch Fotos, Diagramme und geführte Meditationen, auf welche Weise die werdenden Eltern Kontakt mit ihrem ungeborenen Kind aufnehmen können.

Der Text dieses Buches wurde dem Autor als Botschaft aus dem Kosmos übermittelt. Geschrieben in einer klaren und poetischen Sprache, ist ZWIESPRACHE schon jetzt ein Klassiker!

Empfohlen von Ken Carey, dem Autor von „Vision" und „Sternenbotschaft".

Ein Buch, in dem es nicht nur um spirituelle **Elternschaft** geht, sondern um das Miteinander aller Menschen im Sinne eines neuen **Bewußt-Seins**.

160 Seiten, broschiert. DM 18,–. ISBN 3-926374-15-2

Die Kassette zum Buch verhilft mit ihren Meditationen und Übungen, von sanfter Musik begleitet, problemlos und harmonisch Zugang zur Seele des ungeborenen Kindes zu finden.

DM 22,–, 90 Min. 3-926374-20-9

Deutsche Erstveröffentlichung

Erik Jan Hanussen
Der Untergang
von New York

Der einzige Roman von Erik Jan Hanussen dem großen deutschen Hellseher, 1931 in Berlin in Trance gesprochen und aufgezeichnet.
Der Hellseher bekam im Rahmen eines Experiments die Aufgabe gestellt, eine Reise von Berlin nach New York im Jahre 2500 zu schildern.

Der Hellseher lächelte in Trance und antwortete:
"Ich kann doch nicht eine Reise in die City New York im Jahre 2500 schildern, wenn die City nicht mehr existiert!"
Er erklärte, das Zentrum New Yorks sei zu dieser Zeit bereits durch eine Katastrophe zugrundegegangen.
Diese aufsehenerregende Schilderung erfolgte durch Hanussen in sieben fortlaufenden Sitzungen.
So entstand ein einzigartiges Buch, das dank mancher Widrigkeiten und Umwege erst jetzt zur Veröffentlichung gelangt.
Hanussen sieht eine "schöne, schreckliche" Neue Welt.
Technische Errungenschaften und politische Ereignisse, die 1931 noch Utopie waren, sind heute Realität – Lichtbildradio (Fernsehen), Roboter, Sonnenenergie, "Die Vereinigten Staaten von Europa" und "das vereinigte Deutschland" – zu einer Zeit, als eine Teilung Deutschlands undenkbar war, geschweige denn eine Wiedervereinigung.

Eine faszinierende Geschichte, spannend bis zu letzten Seite —
EINE SENSATION
Viele seiner Visionen sind eingetroffen –
DER UNTERGANG VON NEW YORK – Fiktion oder Vision?

DM 19,80
160 Seiten, broschiert
ISBN 3-926374-22-5

Dion Fortune
DIE SEEPRIESTERIN

Dieser phantastische Roman führt den Leser in die Mythologie der Kelten, das sagenhafte Atlantis und zu einer faszinierenden Frauengestalt: Vivien le Fay Morgan.

Mit den Geheimnissen der Magie vertraut, verwandelt sie sich in ihre Namensschwester, Morgan le Fay, die Seepriesterin von Avalon, Pflegetochter von Merlin, dem Zauberer aus der Artussage.

Schauplatz dieser dramatischen Geschichte ist ein einsames Fort an der Küste Cornwalls.

Wilfred Maxwell, ein von Mutter und Schwester gegängelter Junggeselle, verliebt sich in Morgan und folgt ihr auf der Suche nach dem Geheimnis der Magie zu einem alten Kult, wo sie die spirituelle Bedeutung der Magie des Mondes und das Mysterium von Tod und Wiedergeburt erfahren.

Die *Seepriesterin* gehört zu den klassischen spirituellen Werken der Literatur des 20. Jahrhunderts und gilt als einer der schönsten Romane, der je über Magie geschrieben wurde.

250 Seiten, Leinen gebunden
DM 34,00

ISBN 3-926374-12-8
Smaragd Verlag, Köln

MONDMAGIE

Das Geheimnis der Seepriesterin

ist die in sich abgeschlossene Fortsetzung der *Seepriesterin* und führt den Leser tiefer in die Magie und die Geheimnisse des Tantra.

Die Autorin läßt ihn die Mysterien der Mondmagie erfahren, praktiziert von einer geheimnisvollen Frauengestalt – Morgan Le Fay – hier verkörpert durch Lilith, die Ur-Frau – die geheimnisvoll verschwundene Seepriesterin.

Die faszinierende Fortsetzung des ersten Bandes für alle Leser, die sich von der Seepriesterin und ihrem Geheimnis haben bezaubern lassen.

250 Seiten, Leinen gebunden,
DM 34,00

ISBN 3-926374-21-7

Dion Fortune

DURCH DIE TORE DES TODES INS LICHT

Tod ist eine universelle Erfahrung. Niemand kann ihr entgehen. Früher oder später trifft der Tod jeden von uns und alle, die wir lieben. Was aber macht diesen natürlichen Vorgang so furchtbar? Die meisten Sterbenden schlafen doch ganz friedlich ein, wenn ihre Zeit gekommen ist. Warum also fürchten wir uns vor dem Tod, was macht uns so viel Kummer und Angst?

Durch dieses Buch gewinnen wir Verständnis und Einblick in das, was wirklich geschieht, wenn sich die Seele endgültig vom physischen Körper löst. Die Autorin enthüllt all ihr geheimes Wissen, das der höchsten Stufe der ägyptischen Mysterien entspricht.

Durch die Tore des Todes ins Licht bringt all jenen Trost, die einen geliebten Menschen verloren haben und sich mit dem Thema Sterben auseinandersetzen möchten.

Aus der Reihe Bewußt-Sein
DM 15,00
80 Seiten, broschiert

ISBN 3-926374-13-6
Smaragd Verlag, Köln

Dion Fortune's

HANDBUCH FÜR SUCHENDE

enthüllt die vielen kleinen magischen Riten, die jeder von uns ausüben kann, um mit den alltäglichen Problemen des Lebens besser umgehen zu können.

Dion Fortune lehrt diese Dinge nicht wie Kochrezepte, sondern erklärt die okkulten Prinzipien, auf denen sie beruhen, so daß jeder, der sie anwenden möchte, dies mit ,Verstand' tun kann.

Themen wie Gedankenkraft, Karma, Reinkarnation und Magnetismus in der Weltanschauung einer der bedeutendsten spirituellen Persönlichkeiten des 20. Jahrhunderts.

Aus der Reihe Bewußtsein

DM 15,00
92 Seiten, broschiert

ISBN 3-926374-19-5
Smaragd Verlag, Köln

Sheila Harrison

Hilf deinem Kind
mit
Homöopathie

Die Anwendung der Homöopathie gewinnt immer mehr an Bedeutung - sie ist ein einfaches, wirkungsvolles und sicheres Heilverfahren, und ganz besonders für die Behandlung von Kindern geeignet.

Homöopathie weckt in Kindern die angeborene Fähigkeit, sich selbst zu heilen – natürlich und wirkungsvoll.

Es gibt keinerlei Risiko, keine unangenehmen Nebenwirkungen, keine Möglichkeit, dem Kind mit dem "falschen" Medikament zu schaden. Der Körper wird mobilisiert, sich durch sein eigenes Immunsystem zu helfen.

Die Autorin, mehrfache Mutter und Großmutter, ist seit vielen Jahren Kinderkrankenschwester. Sie arbeitet mit ihrem Mann, einem Homöopathen, in einem Therapiezentrum für Naturheilkunde und hat sich auf Allergien spezialisiert.

In dem vorliegenden Buch gibt Sheila Harrison neben einer leicht verständlichen Einführung in die Homöopathie eine praktische Anleitung, um den 'Konstitutionstyp' eines Kindes und damit die dem jeweiligen Typ entsprechenden Arzneimittel zu erkennen.

Der zweite Teil des Buches umfaßt eine ausführliche Darstellung der einzelnen homöopathischen Heilmittel für Kinder- und Infektionskrankheiten.

Ein Praxisbuch für Eltern und alle, die mit Kindern zu tun haben.

DM 15,00
96 Seiten, broschiert

ISBN 3-926374-18-7
Smaragd Verlag, Köln